大宗工业固体废弃物制备绿色建材技术研究丛书（第一辑）

工业固体废弃物生态路面基层材料的制备与应用

沈卫国 ◎ 编著

中国建材工业出版社

图书在版编目（CIP）数据

工业固体废弃物生态路面基层材料的制备与应用／沈卫国编著. --北京：中国建材工业出版社，2021.1
（大宗工业固体废弃物制备绿色建材技术研究丛书. 第一辑）
ISBN 978-7-5160-3025-7

Ⅰ.①工… Ⅱ.①沈… Ⅲ.①工业固体废物－路面材料－利用 Ⅳ.①X705 ②U416.26

中国版本图书馆 CIP 数据核字（2020）第 152785 号

工业固体废弃物生态路面基层材料的制备与应用
Gongye Guti Feiqiwu Shengtai Lumian Jiceng Cailiao de Zhibei yu Yingyong
沈卫国　编著

出版发行：中国建材工业出版社
地　　址：北京市海淀区三里河路 1 号
邮　　编：100044
经　　销：全国各地新华书店
印　　刷：北京天恒嘉业印刷有限公司
开　　本：787mm×1092mm　1/16
印　　张：8.5
字　　数：150 千字
版　　次：2021 年 1 月第 1 版
印　　次：2021 年 1 月第 1 次
定　　价：98.00 元

本社网址：www.jccbs.com，微信公众号：zgjcgycbs

《大宗工业固体废弃物制备绿色建材技术研究丛书》（第一辑）编 委 会

序 一

FOREWORD 1

大宗工业固体废弃物产生量远大于生活垃圾，是我国固体废弃物管理的重要对象。随着我国经济高速发展，社会生活水平不断提高以及工业化进程逐渐加快，大宗工业固体废弃物呈现了迅速增加的趋势。工业固体废弃物的污染具有隐蔽性、滞后性和持续性，给环境和人类健康带来巨大危害。对工业固体废弃物的妥善处置和再生利用已成为我国经济社会发展不可回避的重要环境问题之一。当然，随着科技的进步，我国大宗工业固体废弃物的综合利用量不断增加，综合利用和循环再生已成为工业固体废弃物的大势所趋，但近年来其综合利用率提升较慢，大宗工业固体废弃物仍有较大的综合利用潜力。

我国“十三五”规划纲要明确提出，牢固树立和贯彻落实创新、协调、绿色、开放、共享的新发展理念，坚持节约资源和保护环境的基本国策，推进资源节约集约利用，做好工业固体废弃物等大宗废弃物资源化利用。中国建材工业出版社携同中国硅酸盐学会固废与生态材料分会组织相关领域权威专家学者撰写《大宗工业固体废弃物制备绿色建材技术研究丛书》，阐述如何利用煤矸石、粉煤灰、冶金渣、尾矿、建筑废弃物等大宗固体废弃物来制备建筑材料的技术创新成果，适逢其时，很有价值。

本套丛书反映了建筑材料行业引领性研究的技术成果，符合国家绿色发展战略。祝贺丛书第一辑获得国家出版基金的资助，也很荣幸为丛书作序。希望这套丛书的出版，为我国大宗工业固废的利用起到积极的推动作用，造福国家与人民。

中国工程院　院士

东南大学　教授

序 二

FOREWORD 2

习近平总书记多次强调，绿水青山就是金山银山。随着生态文明建设的深入推进和环保要求的不断提升，化废弃物为资源，变负担为财富，逐渐成为我国生态文明建设的迫切需求，绿色发展观念不断深入人心。

建材工业是我国国民经济发展的支柱型基础产业之一，也是发展循环经济、开展资源综合利用的重点行业，对社会、经济和环境协调发展具有极其重要的作用。工业和信息化部发布的《建材工业发展规划（2016—2020年）》提出，要坚持绿色发展，加强节能减排和资源综合利用，大力发展循环经济、低碳经济，全面推进清洁生产，开发推广绿色建材，促进建材工业向绿色功能产业转变。

大宗工业固体废弃物产生量大，污染环境，影响生态发展，但也有良好的资源化再利用前景。中国建材工业出版社利用其专业优势，与中国硅酸盐学会固废与生态材料分会携手合作，在业内组织权威专家学者，撰写了《大宗工业固体废弃物制备绿色建材技术研究丛书》。丛书第一辑阐述如何利用粉煤灰、煤矸石、尾矿、冶金渣及建筑废弃物等大宗工业固体废弃物制备路基材料、胶凝材料、砂石、墙体及保温材料等建材，变废为宝，节能低碳；第二辑将阐述利用工业副产石膏、冶炼渣、赤泥等工业固体废弃物制备建材的相关技术。丛书第一辑得到了国家出版基金资助，在此表示祝贺。

这套丛书的出版，对于推动我国建材工业的绿色发展、促进循环经济运行、快速构建可持续的生产方式具有重大意义，将在构建美丽中国的进程中发挥重要作用。

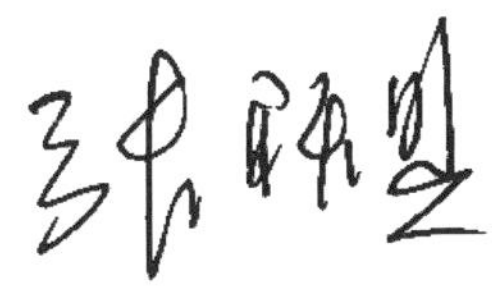

中国工程院　院士
武汉理工大学　教授

丛书前言

PREFACE TO THE SERIES

中国建材工业出版社联合中国硅酸盐学会固废与生态材料分会组织国内该领域专家撰写《大宗工业固体废弃物制备绿色建材技术研究丛书》，旨在系统总结我国学者在本领域长期积累和深入研究的成果，希望行业中人通过阅读这套丛书而对大宗工业固废建立全面的认识，从而促进采用大宗固废制备绿色建材整体化解决方案的形成。

固废与建材是两个独立的领域，但是却有着天然的、潜在的联系。首先，在数量级上有对等的关系：我国每年的固废排出量都在百亿吨级，而我国建材的生产消耗量也在百亿吨级；其次，在成分和功能上有对等的性能，其中无机组分可以谋求作替代原料，有机组分可以考虑作替代燃料；第三，制备绿色建筑材料已经被认为是固废特别是大宗工业固废利用最主要的方向和出路。

吴中伟院士是混凝土材料科学的开拓者和学术泰斗，被称为“混凝土材料科学一代宗师”。他在二十几年前提出的“水泥混凝土可持续发展”的理论，为我国水泥混凝土行业的发展指明了方向，也得到了国际上的广泛认可。现在的固废资源化利用，也是这一思想的延伸与发展，符合可持续发展理论，是环保、资源、材料的协同解决方案。水泥混凝土可持续发展的主要特点是少用天然材料、多用二次材料（固废材料）；固废资源化利用不能仅仅局限在水泥、混凝土材料行业，还需要着眼于矿井回填、生态修复等领域，它们都是一脉相承、不可分割的。可持续发展是人类社会至关重要的主题，固废资源化利用是功在当代、造福后人的千年大计。

2015 年后，固废处理越来越受到重视，尤其是在党的十九大报告中，在论述生态文明建设时，特别强调了“加强固体废弃物和垃圾处置”。我国也先后提出“城市矿产”“无废城市”等概念，着力打造“无废城市”。“无废城市”并不是没有固体废弃物产生，也不意味着固体废弃物能完全资源化利用，而是一种先进的城市管理理念，旨在最终实现整个城市固体废弃物产生量最小、资源化利用充分、处置安全的目标，需要长期探索与实践。

这套丛书特色鲜明，聚焦大宗固废制备绿色建材主题。第一辑涉猎煤矸石、粉煤灰、建筑固废、冶金渣、尾矿等固废及其在水泥和混凝土材料、路基材料、地质聚合物、矿井充填材料等方面的研究与应用。作者们在书中针对煤电固废、冶金渣、建筑固废和矿业固废在制备绿色建材中的原理、配方、技术、生产工艺、应用技术、典型工程案例等方面都进行了详细阐述，对行业中人的教学、科研、生产和应用具有重要和积极的参考价值。

这套丛书的编撰工作得到缪昌文院士、张联盟院士、彭苏萍院士、何满潮院士、欧阳世翕教授和晋占平教授等专家的大力支持。缪昌文院士和张联盟院士还专门为丛书写序推荐，在此向以上专家表示衷心的感谢。丛书的编撰更是得到了国内一线科研工作者的大力支持，也向他们表示感谢。

《大宗工业固体废弃物制备绿色建材技术研究丛书》（第一辑）在出版之初即获得了国家出版基金的资助，这是一种荣誉，也是一个鞭策，促进我们的工作再接再厉，严格把关，出好每一本书，为行业服务。

我们的理想和奋斗目标是：让世间无废，让中国更美！

王栋民

中国硅酸盐学会固废与生态材料分会　理事长

中国矿业大学（北京）　教授、博导

前言
PREFACE

固体废弃物也被称为二次资源或放错了地方的资源，所谓废弃，具有突出时空的相对性。多年来，我国在全球化的产业链条中一直承担着世界工厂的角色和责任。空前的原材料和产品的生产装配规模伴生了大量工业固体废弃物，我国每年仅工业固体废弃物产生量就在35亿吨左右，大量工业固体废弃物的产生给经济社会的可持续发展带来严峻挑战。相对于从原材料采掘到产品的生产与销售，固体废弃物的处理处置、综合利用是社会的一种“静脉经济”，是保持经济社会与自然生态之间协同发展必不可少的过程，促进废弃物的大规模资源化利用是保持经济社会可持续发展的重要部分。

我国公路建设发展不平衡，今后多年，公路建设仍将保持持续的高速发展，其中路面基层（基层+底基层）厚度是面层的3~5倍，是天然土石料和胶凝材料消耗量最大的筑路材料，工业固体废弃物可以替代天然土石料和人造胶凝材料制备路面基层，可以大规模消纳公路沿线的固体废弃物，保护自然资源；工业固体废弃物与天然土石料以及人工胶凝材料相比有优点也存在诸多固有的缺陷。因此如何有效利用工业固体废弃物的固有特性制备工业固体废弃物路面基层材料仍然有很多科学和技术的问题需要研究解决。

优质的路面基层是道路服役质量的关键，本书围绕路面基层的服役性能对基层材料的技术要求，从工业固体废弃物固有特性研究入手，结合其分类以及固废胶凝体系的热力学分析，提出了工业固体废弃物路面基层材料的设计原理与方法；列举了四个系列的工业固体废弃物路面基层材料并尽量地将材料组成优化；探讨了四个系列路面基层材料的性能特征与形成机理；与传统的路面基层材料作对比，研究了工业固体废弃物路面基层材料的组成、结构和性能特征；采用生命周期评价（LCA）的方法初步探讨了工业固体废弃物的环境负荷。近几年的研究工作还在进一步深入和完善的过程中，未在本书中列出，有兴趣的读者可以阅读相关期刊和研究资料。

本书提供了工业固体废弃物的分类方法、路面基层材料设计的思想与固体废弃物基层的制备实例，可供工业固体废弃物生产企业、公路建设者和从事固体废弃物综合利用以及路面基层研究的同行阅读。本书不足及不妥之处恳请各位专家批评指正。

编著者

2020 年 10 月

目 录

CONTENT

1 绪论

增长是当今消费驱动经济的生命线（Growth is the life-blood of today's consumer-driven economies）[1]。人口的持续增长和人类对物质财富的无尽追求，推动着生产力水平的极大提高和经济规模的空前扩大，而由此引发的资源枯竭和环境恶化也极大地威胁着经济社会的可持续发展（sustainable development）[2]。材料是人类文明的物质基础，在国民经济和社会发展中起着基础和先导作用，材料产业的增长更是如火如荼。尽管这种增长极大地推动着社会的繁荣和文明的进步，但从资源和环境的角度来看：材料的提取、制备、生产、使用、废弃的全过程也正消耗着资源，污染着环境[1,3]。据2008年的统计资料，我国材料工业的废气、废水和固体废弃物排放量分别占整个工业废弃排放量的39.33%、35.88%和52.25%，其中12种主要原材料工业能源消耗占整个工业生产能源消耗量的38.8%[3]。大宗原材料的资源正在快速枯竭，在资源日渐枯竭和环境污染严峻的形势下，材料工业将以何种模式发展下去是材料工作者正在思考和探索的问题[4-6]。

20世纪90年代初，世界各国的学者开始重视研究材料的环境性能，从理论上探讨材料环境影响的定量方法和手段，从实践上开发环境友好的新材料或对传统材料进行生态改善。将材料从生产、使用、废弃到再循环的整个生命周期内的环境影响纳入材料的设计、生产与应用的评价体系，已成为材料科学发展的重要方向之一，并产生了一门新的交叉学科——生态环境材料（Ecomaterial）[7-8]。在材料设计方面将材料的技术设计、成本设计和生态设计有机地统一，在追求材料性能最优化、成本最小化的同时，更加注重材料的资源能源消耗的最小化、各种污染物产生和排放的最小化，以及废弃物再生循环利用率的最大化[9-14]。

材料特别是大宗材料的生态设计对经济社会的可持续发展具有重要意义。路面基层是道路重要的结构层次，厚度是面层的3~5倍，材料消耗量十分巨大。利用生态环境材料的基本理论和材料生态设计的基本原理，通过充分利用工业固体废弃物，尽量减少自然资源的消耗，减少污染物排放，实现路面基层材料的环境友好设计；通过对传统路面基层材料性能的改善，延长路面基层材料的服役寿命，实现路面基层材料长寿命设计；探索路面基层材料再生循环的可行性、实现路面基层的再生循环设计；设计出系列生态型工业固体废弃物路面基层材料（Industrial Solid Waste Road Base Material，以下简称 ISW-RBM），是资源节约型环境友好型道路建设的一种尝试。

1.1 工业固体废弃物路面基层材料的提出

1.1.1 消纳工业固体废弃物

固体废弃物（solid waste）是指在社会的生产、流通、消费等一系列活动中产生的一般不再具有原使用价值而被丢弃的以固态、半固体和高浓液态赋存的物质[14]。工业固体废弃物（industrial solid waste）是指工业生产过程中产生的废渣、粉末、碎屑、污泥、高浓废液等。按其来源主要分为冶金固体废物、燃料灰渣、化学工业固体废物、石油工业固体废物、食品工业固体废物、其他废物。随着我国经济的高速增长和制造业规模空前扩大，工业废物数量日益增加[15-21]（图 1-1）。我国各大原材料如钢铁、水泥和多种有色金属产量占全球总产量的 50% 以上，伴生固体废弃物的大量产生给经济社会可持续发展带来严峻挑战。

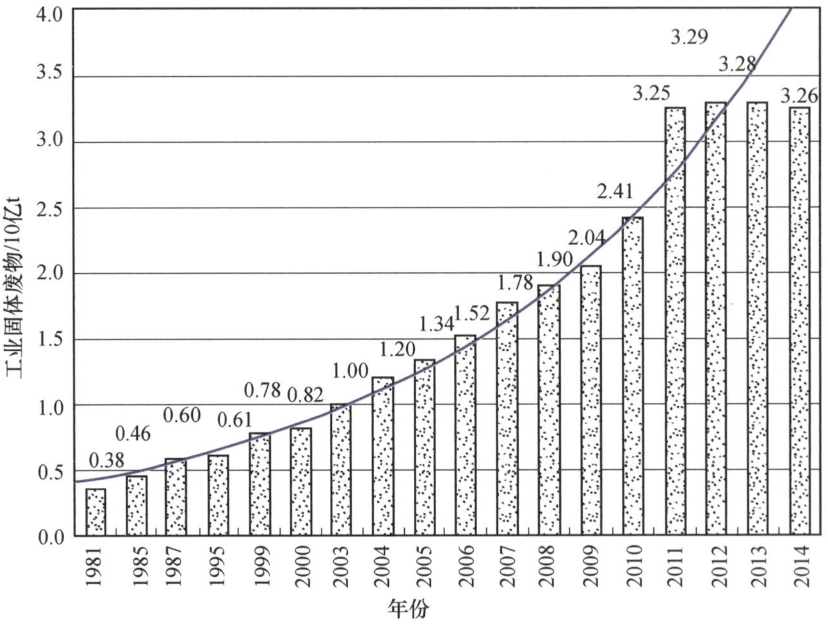

图 1-1　我国工业固体废弃物的产生量发展的趋势[21]

我国当前固体废弃物的处理处置率还不高，大量工业固体废弃物大多堆积在陆地或抛弃于江河湖海。工业固体废弃物对环境的污染危害主要表现在以下几方面[1,14]：

a. 侵占土地：目前我国单是工业固体废弃物就达 90 多亿 t，占地 8.5 亿 m^2，其中多数集中在经济发达的地区，严重影响了工农业生产和人居环境。

b. 污染土壤：土壤是许多细菌、真菌等微生物聚居的场所。这些微生物与其周围环境构成一个生态系统。工业固体废弃物中有害成分渗入土壤后，能杀死土壤中微生物，破坏土壤的腐解能力和生态功能，特别是导致农作物、植物被污染而进入食物链，危害生命安全。

c. 污染水体：工业固体废弃物随天然降水和地表径流进入湖泊、河流，或随风飘迁落入水体使之遭受污染；随渗滤水进入土壤则使地下水遭受污染；直接排入河流、湖泊、海洋，造成更大范围的水体污染。

d. 污染大气：固体废弃物的随意堆放造成了扬尘、扬沙，特别是废渣中的可吸入颗粒，在大风吹动下会随风飘逸，扩散到很远的地方；挥发物进入大气也将带来污染。

一方面固体废弃物滞留性大、扩散性小、潜伏期长，从某种意义上讲其危害最为巨大和深远[2,14]。另外，废物具有时间和空间的相对性，固体废弃物具有与一些工业原料相当的物理学性质，较废气、废水容易收集、运输和加工处理，更具有回收利用的价值[22-24]，被称为“放错了地方的资源”“二次资源”“可再生资源”。大量工业固体废弃物排放和堆积所造成的资源浪费和环境污染已经成为影响生态平衡和社会可持续发展的巨大障碍[1,14]。如何有效并安全地利用工业固体废弃物也是各国学者研究的焦点之一。

从 20 世纪 90 年代中期开始，我国的公路建设进入一个蓬勃发展的时期，特别是高速公路的建设发展速度更是举世瞩目，高速公路建设里程发展趋势如图 1-2 和图 1-3 所示[25]。

随着公路建筑的蓬勃发展，作为最大宗的路面结构材料，路面基层材料的使用量十分巨大。根据 2000 年交通部对 1998—1999 年公路建设里程的统计[25]，按各等级的公路的典型结构形式计算[26]，1999 年共新建路面基层 3.5 亿 m^3。2019 年全国四级及以上公路的新增里程为 23.39 万 km，其中高速公路新增里程 7000km[27]，路面基层材料的使用量估算应超过 12.0 亿 m^3，用于基层建设的原材料粗略估算应达 30 亿 t 左右。路面基层材料的原材料——天然土石料和胶凝材料都可以用这些大量排放的工业固体废弃物部分或完全替代，研制以工业固体废弃物为主要成分的 ISW-RBM 是大量消纳工业固体废弃物的有效途径。另外，随着自然资源保护力度的增强，天然砂石料供应日益紧张，使得采用固体废弃物修筑路面基层成为经济且环保的选择。

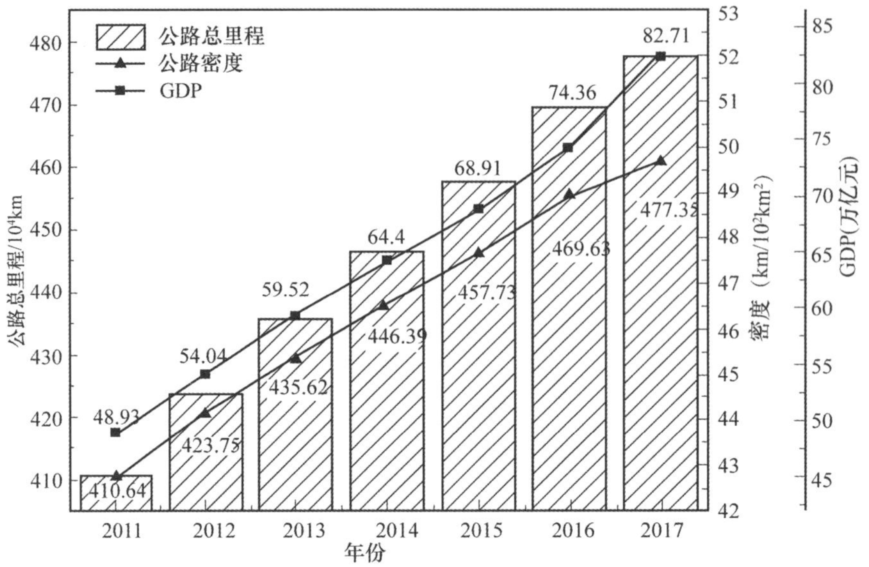

图 1-2　我国近年来高速公路的建设[25]

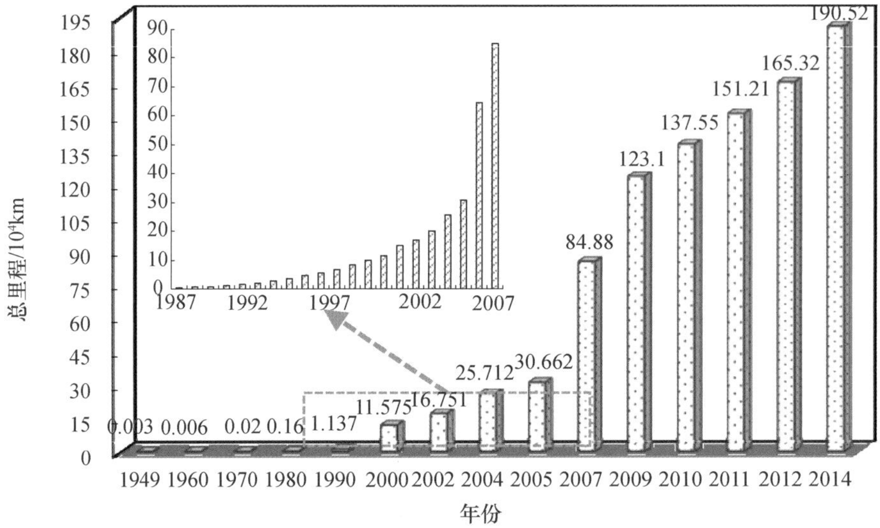

图 1-3　我国近年来高速公路的建设[25]

1.1.2　提升路面基层性能

路面基层是设置在面层之下，与面层一起将车轮荷载传递到土基的结构层，在沥青路面结构中路面基层是路面的主要承重层，在水泥混凝土路面结构中基层是保证结构整体性的重要支承层。路面基层是影响路面结构整体质量的关键层次。良好的路面基层必须具备如下性能：足够的强度和刚度；足够的水稳性和冰冻稳定性；良好的抗冲刷能力；收缩开裂风险较小；有足够的平整度；面层与基层结合良好[28-30]。

我国高等级公路采用两类典型的半刚性路面基层材料[29]：一类是水泥稳定级配集料（简称水泥稳定粒料），这是我国公路建设中使用最多的一种基层材料，占总用量的75% ~80%；另一类是石灰粉煤灰稳定级配集料（简称二灰稳定粒料）。表1-1对这两类材料的性能进行了分析。

表1-1 我国的两种典型路面基层材料性能分析

基层材料	结合料种类和用量	R_{7d}/MPa	后期强度	抗裂性	抗冲刷性	水稳性	延迟碾压时间	与面层结合
水泥粒料	水泥：3% ~6%	2 ~6	增长率低	不好	好	好	2 ~3h	好
二灰粒料	石灰：6% ~10% 粉煤灰：15% ~10%	0.6 ~1.0	增长率高	较好	较好	较好	1 ~2d	较好/起灰

两种典型的半刚性路面基层材料性能各有优点，也有自身明显的固有缺陷。如水泥稳定粒料的最主要缺陷在于抗裂性不好，延迟成型时间短，施工过于紧凑。二灰稳定粒料的缺陷则与其早期强度过低有关，早期水稳性差、抗冲刷性差、与面层的黏结较薄弱、施工对季节依赖性强等。半刚性基层的这些固有缺陷是一系列路面病害的主要原因。我国目前半刚性基层沥青路面的早期病害十分普遍，根据沈金安2003年对沪宁路苏州段162km路面破损情况徒步调查获得的破损情况[30]（图1-4）不难发现：与沥青混凝土面层直接相关的泛油、松散和麻面三种病害占病害面积的15%，而与路基直接相关的沉陷约占20%，除此以外的其他病害如网裂、坑槽等都和基层质量直接相关，约占破坏总量的65%。

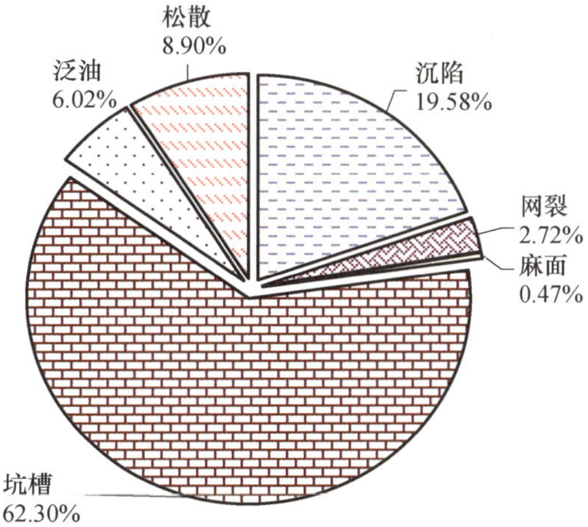

图1-4 高速公路路面的破坏形式

水泥混凝土路面结构由于基层质量问题而引发的路面病害也十分普遍，由基层质量问题引发的断板、唧泥、脱空、错台等占路面病害的

75%左右[31-32]。因此沙庆林[29]认为“优质的基层是路面质量的关键”。研制性能优良的路面基层对提高路面使用性能，减轻和延缓病害的发生，延长公路的服役年限具有重要的意义[33-34]。

在路面基层材料中引入工业固体废弃物，充分发挥工业固体废弃物的物理力学性质以及化学胶凝性质，发挥工业固体废弃物胶凝活性缓慢发展带来的自修复功能，改善传统路面基层材料的固有缺陷特别是收缩开裂、冲刷唧泥和不可恢复性，研制系列生态型 ISW-RBM 是提高路面基层质量乃至路面整体质量的有效措施。

1.1.3 降低路面基层材料的环境负荷

生态环境材料是一类同时具有满意的使用性能和优良的环境协调性，或者能够改善环境的材料[8-11]。其特征首先是节约能源和资源；其次是减少环境污染，特别是避免温室气体的排放和臭氧层的破坏；最后是资源容易回收和循环利用。路面基层材料使用量极大，目前几种广泛使用的路面基层材料的环境协调性还很差，亟待提高，实现路面基层材料的生态化是建设资源节约环境友好型公路的重要内容。

首先，传统的路面基层的修筑要消耗大量的天然土石料和人工胶凝材料，对资源和能源的需求较大。每生产 $1m^3$ 的路面基层材料需要 2.0 ~ 2.3t 的天然土石料和 80 ~ 160kg 的水泥或石灰。而每生产 1t 水泥的资源消耗：石灰石 1.3t，黏土 0.3t，石膏 50kg，原煤 424kg；每吨生石灰的资源消耗：石灰石 1786kg，原煤 408kg[21,35-38]。

其次，传统路面基层的环境冲击（environmental impact）十分巨大：土石料以及胶凝材料原材料的开采过程中对山体植被以及基本农田的破坏很大，每生产 1t 水泥要排放 0.825t 的 CO_2、0.86kg 的 SO_2 和 1.75kg 的 NO_x。而每生产 1t 优质石灰则排放 1.5 ~ 2.0t 的 CO_2。基层施工过程中废弃的渣土堆积如山，对生态环境造成巨大的破坏，生态环境的恢复和被毁农田的复耕往往也需要相当长的时间[39]。另外，一些传统的路面基层材料（如石灰土、二灰土等）在施工过程中威胁到施工人员的健康，并对周边的环境有较明显的污染。而且，传统的路面基层几乎没有得到循环利用，大量废弃路面基层材料的随意弃置触目惊心。

最后，固体废弃物的大量堆存侵占了大量的土地甚至是基本农田。长期堆存会释放大量的粉尘、重金属离子、有毒物质，对周边地区都有程度不同的污染，我国已经有 100 多座大城市被城市垃圾和工业固体废弃物包围。研制 ISW-RBM，大量消纳工业固体废弃物，减轻工业固体废弃物对环境的污染，可以起到改善生态环境的作用[40,21]。

根据公路沿线的工业固体废弃物资源特点，设计出不同类型和系列的路面基层材料，是工业固体废弃物大规模利用的有效途径。利用工业固体废弃物制备路面基层材料，可取代20%～100%的天然土石料，减少环境负荷大的胶凝材料——水泥和石灰的用量。充分利用二次资源——固体废弃物，减少对不可再生能源和资源的消耗，减少CO_2等气体的排放量，降低路面基层的环境负荷[40-42]。

工业固体废弃物制备的路面基层材料中包含有火山灰活性、潜在水硬性和水硬性的工业固体废弃物，有的含有部分石膏类工业固体废弃物，这些都是胶凝材料原材料的主要组成，因此可以考虑在其完成服役功能后用于生产水泥或水泥混凝土的矿物掺合料，能够实现路面基层的再循环设计[21]。

1.2 ISW-RBM 的研究进展

1.2.1 我国工业固体废弃物的资源化状况

伴随我国近年来经济的迅速增长，工业固体废弃物的产生量也同步增长，综合利用力度也在日益增强，表1-2是国家环境保护局1998—2014年的《中国环境状况公报》中关于工业固体废弃物产生量、排放量以及综合利用情况的数据[15-21]。尽管工业固体废弃物的利用率近年来也有稳步增长，但我国目前工业固体废弃物的利用率只有50%左右，而且主要集中在几种能大量在建筑材料领域直接利用的工业固体废弃物上，如粒化高炉矿渣、粉煤灰、硫酸渣等，大多数工业固体废弃物目前的利用率还很低，甚至基本没有得到利用，如磷石膏有效利用率不到10%。对钢渣和磷渣的研究虽然很多，开发了系列钢渣和磷渣的混合水泥和专用水泥[25,44-48]，但目前钢渣、磷渣、锰渣的综合利用率依然不高。

表1-2 我国工业固体废弃物的产生与综合利用的趋势[15-21]

年份	1998	2002	2006	2010	2012	2013	2014
产生量/亿 t	8.00	9.50	15.20	24.09	32.91	32.77	32.56
排放量/万 t	7034	2635	1303	498.20	—	—	—
综合利用量/万 t	3760	5000	92600	161772	202384	205916	204330
综合利用率/%	47.00	52.00	60.90	67.10	60.90	61.30	62.10

在我国不同地区的工业固体废弃物利用率水平极不平衡，如中东部省市的粉煤灰利用率几乎达到100%，而在一些西部地区，如山西、内蒙古等省区粉煤灰的利用率还处于较低水平。研制ISW-RBM对于提高

废弃物的利用率、提高工业固体废弃物的利用技术水平，都具有十分重大的意义。

1.2.2 工业固体废弃物在公路工程中的应用状况

筑路材料对天然土石料和人造胶凝材料的需求量巨大，固体废弃物在公路工程中的应用可以显著减少天然土石料和人造胶凝材料的消耗。归纳起来，固体废弃物在国内外公路工程中的应用状况大致见表1-3[8,14]。

表1-3 固体废弃物用于筑路材料的途径

利用对象和结构名称		固体废弃物名称	加工方法
车行道部分	沥青铺路	沥青混凝土碎块	再生、沥青铺设
	混凝土铺装	混凝土碎块	再生骨料
		混凝土碎块	破碎、粒度调整
	路面基层	沥青混凝土碎块	破碎、粒度调整
	路基	混凝土碎块	破碎、粒度调整（混合）
		沥青混凝土碎块	破碎、粒度调整（混合）
		残土	用作良质土、稳定处理、粒度调整
		污泥	粒度调整、固化
	路体	混凝土碎块	破碎、粒度调整（混合）
		沥青混凝土碎块	破碎、粒度调整（混合）
		残土	用作标准土、稳定处理、粒度调整
		污泥	固化、土质稳定处理、粒度调整与固化
人行道部分	砖、瓦	混凝土碎块	再生骨料
	路缘石块	沥青混凝土碎块	再生、沥青铺路
		木屑	切断分成块
		污泥	固化
	栅栏	沥青混凝土碎块	熔融、骨料化
		废塑料	再生骨料
	引导牌	废塑料	熔融、成型
	沥青铺路	沥青混凝土碎块	熔融、成型
	混凝土铺路	混凝土碎块	再生、沥青铺路
	路面基层	混凝土碎块	再生骨料
		沥青混凝土碎块	破碎、粒度调整
	路基	混凝土碎块	破碎、粒度调整
		沥青混凝土碎块	破碎、粒度调整
		残土	破碎、粒度调整
		污泥	用作良质土、稳定处理、粒度调整与固化

筑路工程对原材料需求量大，且不同工程部位所采用的原材料性质有较宽的范围，为工业固体废弃物的综合应用提供了很多的可能性，一直被国内外作为消纳固体废弃物的重要途径来研究和应用。我国公路建设中应用最早的工业固体废弃物是粉煤灰，交通运输部以及市政部门已经有完善的粉煤灰路堤和路面基层的施工和设计规范。随着粉煤灰的资源化，目前很多地方粉煤灰用于路面和路面基层的修筑已经不再具备经济上的可行性，其他工业固体废弃物在道路工程中的工程应用量还较小。

1.2.3 工业固体废弃物作路面基层材料的研究状况

（1）粉煤灰

美国在 20 世纪 40 年代已利用石灰粉煤灰修筑路面基层[18,45,46]。我国利用石灰粉煤灰路面基层材料起步于 20 世纪 60 年代[49-51]，目前工业废渣类路面基层材料应用最为广泛的是石灰粉煤灰类（通常称为二灰），其应用技术已经非常成熟，利用二灰修筑高等级公路路面基层达上千千米。该类基层材料的应用目前已经走向规模化，列入交通运输部一系列的技术规范中[52-53]。

二灰类基层材料具有绝对强度高、强度增长持续稳定、整体性能好、抗裂性好等优点，但由于其早期强度低（因为石灰、粉煤灰之间的火山灰质反应速度很慢），在强度没有达到一定值前淋雨容易松散，使得二灰基层在多雨的南方推广应用难度较大，养生期太长也延缓整体的工程进度。长期以来，国内外为提高二灰类基层材料的早期强度做了很多研究工作，也提出了一些相应的解决办法，归纳起来有以下四种。

①掺加化学添加剂：在美国，K. P. Goecker 等人[50-51]观察到氯化钙对提高压实的石灰粉煤灰土混合料的强度有益。随后 D. T. Devidson 教授[50-51]在此基础上，对 47 种化学试剂作为促进石灰、粉煤灰之间的火山灰质反应的外掺剂进行了试验评定。在法国，曾经为克服石灰粉煤灰混合料早期强度低的缺点[54-55]，采用普通石膏作为早强剂，提出在 5% 石灰掺量的石灰粉煤灰混合料中，再掺加 5% 石膏，混合料的 7d 强度可达到最高。

在我国，西安公路交通大学（现为长安大学）张登良教授对 14 种化学添加剂进行了研究，并推荐采用碳酸钠、氢氧化钠、硫酸钠、硅酸钠、磷酸钠以及氢氧化钠加硫酸钠、碳酸钠加硫酸钠等，采用 1% ~2% 的上述化学添加剂外掺，能使 7d 强度提高 50% 以上[16,35]。上海市政工程研究所等曾对改善粉煤灰三渣混合料的早期强度进行了较长时间的研究。在研究掺加化工原料的基础上，提出了 N20 型早强剂。试验表明，粉煤灰三渣混合料中掺加剂量为2%的N20早强剂后，20℃养护条件下的7d抗压强度可达2.4MPa[16,35,49,50]。

②掺加水泥：水泥水化与硬凝反应迅速，能够很快地产生水硬性胶结物。因而，在石灰粉煤灰稳定土中掺加水泥，可以弥补石灰粉煤灰稳定土早期强度较低的不足。在美国，石灰粉煤灰混合料中掺加Ⅰ型波特兰水泥，用量范围为0.5%～1.5%。我国试验结果表明，掺入剂量为1%的水泥后，石灰粉煤灰稳定粒料的7d、14d龄期饱水抗压强度可提高约14%；在二灰土中掺入1%的水泥，强度可提高约50%[51-53]。随着水泥剂量的提高，增强效果更加明显，但施工工艺变得复杂化。

③采用生石灰粉：用生石灰粉代替过筛的消石灰，在一定程度上可以提高二灰的早期强度，因为生石灰在混合料中消解后产生的新生态$Ca(OH)_2$具有较强的活性，而且在消解过程中释放出大量的热量，可以提高混合料的温度，加快火山灰质反应的速度，明显提高其早期强度[26,55]。另外，可以减少消石灰在消解配料过程中的环境污染。然而，我国生石灰粉的生产规模小，而且质量波动大，不能满足大规模施工要求。

④改变混合料拌和工艺：上海市政工程研究所等希望通过加热混合料来加快二灰早期强度的发展。试验表明，将石灰粉煤灰混合料加热到90℃后再成型，混合料强度并没有增高的趋势，原因在于加热松散状态的混合料并不能提高石灰和粉煤灰之间反应产物的胶凝作用，同时，在碾压成型的基层上加热也没有可操作性。曾有学者考虑使用二次拌和工艺来提高二灰土混合料的早期强度[34,56]。升温试验没有达到预期效果，分析认为在较高的温度下石灰因自结晶作用形成较大的晶粒，反应活性降低，难以达到提高早强的目的。

上述四种方法中有些虽然能很好地解决石灰粉煤灰类基层材料早期强度低的问题，但同时带来一些新的问题，例如，工程造价提高、工程施工工艺复杂化等。

（2）磷石膏

磷石膏是湿法生产磷酸以及磷复肥等的工业副产品，其中$CaSO_4 \cdot 2H_2O$的含量都在90%以上，但是由于含有一些有害杂质，目前的实际利用率只有10%左右。20世纪90年代中期，西安公路学院[54]开始利用磷石膏掺入二灰制备路面基层材料，并取得一定的效果，其后这种磷石膏二灰路面基层材料的研究在安徽等地开展，并有一些对磷石膏在二灰中的作用机理进行研究的文献。但这些研究提供的配比还不是优化的配比，其中石灰的掺量往往过大（达到12%）[56-58]。美国路易斯安纳州立大学 Kelly A. Rusch 和印度 Manjit Singh[59-60]采用煅烧过的磷石膏制备石灰磷石膏粉煤灰混合料，利用石膏自身的凝结作用提供早期强度，利用磷石膏参与石灰和粉煤灰之间的反应提供后期强度。但文献中没有提供系统且规律性的研究结果[61-65]，还不能指导磷石膏在路面基层材料中的工程应用。

（3）其他 ISW-RBM 的研究状况

钢渣是一种具有较好水硬性的工业固体废弃物，在欧美及日本等国家，钢渣主要作为集料以及磨制矿物掺合料掺入混凝土[66-68]，我国也有大量这方面的研究以及应用实例，在路面基层方面的应用研究也较多[69-77]。

钢渣作路面基层材料主要有三类：

（1）钢渣代替砾石、碎石作为集料用于二灰稳定类基层。自 1992 年起，西安公路学院和西安市政研究院利用陕西钢厂的电炉钢渣，与石灰、粉煤灰按比率（钢渣掺量 75%）混合形成二灰钢渣混合料作为路面基层材料。研究表明：二灰钢渣混合料路用性能优于二灰砾石和二灰碎石。钢渣表面有空隙，石灰、粉煤灰等胶凝材料与钢渣配合使用，比石灰、粉煤灰与砾石、碎石配合使用具有更好的附着性，钢渣作为石灰粉煤灰混合料基层的骨架，可以有效减少收缩裂缝，增强颗粒间的嵌锁力，使得其早期强度和整体强度高于二灰砾石和碎石。

（2）用水泥或石灰对钢渣进行稳定，制备出类似有水泥稳定或石灰稳定粒料土的路面基层，这在武汉钢铁公司和首都钢铁公司进行过一些研究和应用。

（3）钢渣级配型、嵌锁型基层。将具有一定级配的钢渣用作级配集料基层。由于我国以半刚性基层为主流，对这种基层的研究与应用很少。

目前，我国钢渣在路面基层中的应用研究没有充分利用钢渣的活性，都采用水泥或二灰对其进行稳定[69-77]，或简单地把钢渣当成一种集料用于路面基层[77]。其实，钢渣有很好的水硬性，其细颗粒（粉料）具有持续的胶凝作用，粗颗粒表面也可以发生水化反应，提高基层材料的强度。

磷渣是电炉炼磷时产生的废渣，将磷渣作为水泥混合材和混凝土矿物掺合料的研究较多[78-81]。磷渣路面基层材料的研究也有报道，刘振清等人[82]通过室内实验证明石灰粉煤灰稳定的磷渣 7d 无侧限抗压强度可以达到 0.8MPa。另外，关于煤矸石[83]、废弃混凝土[84]、垃圾焚余灰[85-87]、皂化渣、电石渣[88]等工业固体废弃物在路面基层中的应用研究也有报道。武汉理工大学对锰渣在路面基层中的应用也开展过研究[89]。

1.3 工业固体废弃物路面基层材料存在的问题

不难发现，工业固体废弃物用作路面基层材料研究主要集中在粉煤灰类路面基层材料方面，其重点是解决早期强度过低问题的增强研究以及推广应用的工程研究，文献中的一些早强技术仍不能经济有效地解决其早期强度过低的问题。对其他几种工业固体废弃物只是进行了一些零星的研究，没有形成比较科学的体系，往往是一种或几种废渣在路面基层中的应用研究的孤例。对工业固体废弃物的固有性质的认识和利用还不够，在设计 ISW-RBM 时没有对固体废弃物的自身特性进行充分的利用，粒状工业固体废弃物往往被当成惰性的集料或填充材料使用。

另外，工业固体废弃物的路面基层材料的性能影响因素很多，如不加以系统研究，固体废弃物路面基层材料性能的质量难以保证，这也是国内外研究比较薄弱的地方。工业固体废弃物用作路面基层材料，经过长时间的冲刷，其溶出物对周围环境的影响问题，国内外相关研究报道也较少。尚没有对工业固体废弃物进行科学的分类[14]，目前的分类方式主要以工业固体废弃物的来源进行分类，不利于系统科学地对 ISW-RBM 进行材料设计，因此建立科学的工业固体废弃物分类方式，对于 ISW-RBM 的研究乃至工业固体废弃物综合利用的理论体系的建立具有重要的意义。

我国目前是世界工程建设大国，各种大宗材料的产量均占全球总量的 50% 以上，作为副产品的工业固体废弃物达到 34 亿 t 以上，很难完全得到综合利用，更难以实现所有工业固体废弃物的变废为宝。尽管路面基层材料年修筑量大，但是能满足路面基层材料要求的固体废弃物的售价、运距等因素制约了其应用的经济性。编制路面基层原材料选择的工业固体废弃物清单，形成工业固体废弃物材料设计体系，方能因地制宜、就地取材，将工业固体废物在路面基层中综合利用。

因此，以工业固体废弃物的特性研究为基础，建立其科学的分类体系，形成 ISW-RBM 材料设计方法，比较符合我国工业固体废弃物广泛分布的现状，能最大限度地综合利用工业固体废弃物，并充分发挥各种工业固体废弃物在路面基层材料中的作用，在理论和实践上都有一定的创新性。

2 工业固体废弃物分类与 ISW-RBM 材料设计

对研究对象的分门别类是科学研究的第一步，合理的分类体系有利于科学研究的顺利进行与纵深发展[90]。工业固体废弃物是一类来源广泛、成分复杂、性能各异的物料，之所以称作废弃物，是因为其化学组成为地壳最常见的氧、硅、铝、铁、钙等元素化合物的混合体，往往不具备进一步提纯应用的经济性。但工业固体废弃物所含的化合物和水泥、陶瓷（砖瓦）、玻璃等的原料比较接近，因此建筑材料是固体废弃物大规模应用的根本出路。分析它有的各种固体废弃物路面基层材料，不难看出废弃物可以在路面基层中发挥集料、填充料和胶凝材料的作用，建立一种固体废弃物工业固体废弃物系统分类体系，使其能很好地指导 ISW-RBM 的材料设计，是研究 ISW-RBM 首先应该解决的科学问题。本章将在系统分析工业固体废弃物固有性质的基础上，建立起一种基于工业固体废弃物固有性质的分类体系，在此分类体系的基础上，根据半刚性路面基层材料的组成、结构和性能特点，通过工业固体废弃物对路面基层材料组分的替代与改善，设计出具有良好使用性能和环境协调性的系列 ISW-RBM。

2.1 工业固体废弃物的分类体系

2.1.1 工业固体废弃物的传统分类

通常工业固体废弃物的分类方式是以工业固体废弃物产生的行业来分的（表 2-1），这种方法仅仅指出了工业固体废弃物的来源。如果要物尽其用地综合利用工业固体废弃物，则需要根据工业固体废弃物的自身特性进行分类。

表 2-1 主要工业固体废弃物的来源和分类[2,14]

来源	产生过程	分类
矿业	矿石开采和加工	废石、尾矿
冶金	金属冶炼和加工	高炉渣、钢渣、铁合金渣、赤泥、铜渣等
能源	煤炭开采和使用	煤矸石、粉煤灰、炉渣等

续表

来源	产生过程	分类
石化	石油开采与加工	油泥、焦油页岩渣、硫酸渣、盐泥等
轻工	食品、造纸等加工	废烟草、废果壳、污泥、废纸、废织物等
其他	—	金属碎屑、电镀污泥、建筑废料等

张建国[91]根据工业固体废弃物的颗粒组成与天然土石料中的颗粒组成类似的特点，认为可以根据其颗粒组成的特征，并与天然土料进行类比，建立了一种工业固体废弃物分类方式，将工业固体废弃物用来代替具有相同颗粒组成的天然土料应用于岩土工程中，这种分类方式在工业固体废弃物的颗粒分布特征和工业固体废弃物的岩土工程用途之间建立起联系，对工业固体废弃物在岩土工程领域的应用具有指导意义。

但工业固体废弃物除了其颗粒组成以外，其物理化学特性也存在各自的特征[93-95]：有一些具有水硬或气硬的胶凝特性；有的几种工业固体废弃物配合在一起可以起到胶凝固结作用；有的工业固体废弃物和水泥、石灰等胶凝材料能发生相互作用而产生一定的胶凝性；有的可以参与水泥、石灰-粉煤灰的胶凝固结过程；还有的工业固体废弃物具有很高的强度和硬度。这些性质也会赋予工业固体废弃物新的用途。另外，一些工业固体废弃物具有一定的溶解特性，制约其在一些淋溶环境中的应用。本章在考察工业固体废弃物的颗粒分布、坚硬程度以及胶凝特征的基础上，建立一种以工业固体废弃物的物理化学特性为依据的工业固体废弃物分类体系。

2.1.2 工业固体废弃物的颗粒分布和分类体系

（1）颗粒分布

工业固体废弃物的颗粒分布是影响工业固体废弃物利用的基本性质之一。工业固体废弃物根据其粒径基本可以分为块状、粒状、粉状三种。块状工业固体废弃物主要有慢冷矿渣、钢渣、慢冷合金渣、废弃混凝土、尾矿废石等，不能直接用于路面基层，将其破碎后可以成为一种粒状的工业固体废弃物。这类废渣经过破碎后可以按路面基层用粒料的分类方式进行颗粒尺寸上的分类，可以按集料的技术标准来考核其技术性能，如果能满足技术标准，则可以替代天然集料使用在路面基层甚至水泥、沥青混凝土等道路材料中。图 2-1 所示是几种主要工业固体废弃物的颗粒分布。

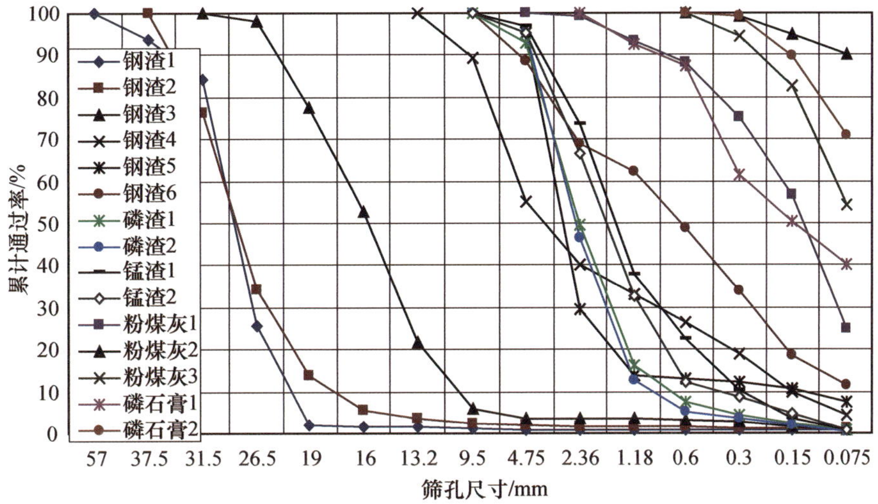

图 2-1　工业固体废弃物的颗粒分布

粒状：粒状工业固体废弃物主要指其颗粒直径不大于 65mm，但其中 0. 075mm 的通过率不大于 30% 的工业固体废弃物。从图 2-1 可以看出，钢渣和磷渣都属于粒状渣。粒状工业固体废弃物又分为粗粒状、中粒状和细粒状。

粗粒状工业固体废弃物：颗粒的当量粒径不大于 37. 5mm，且其中小于 31. 5mm 的颗粒含量不小于 90% 。图 2-1 中钢渣 1 和钢渣 2 是粗粒状渣。

中粒状工业固体废弃物：颗粒的当量粒径不大于 26. 5mm，且其中小于 19mm 的颗粒含量不小于 90% ，图 2-1 中钢渣 3 是中粒状渣。

细粒状工业固体废弃物：颗粒的最大粒径小于 9. 5mm，且其中小于 2. 36mm 的颗粒含量不少于 90% ，但是其中 0. 075mm 的通过率不大于 30% 。图 2-1 中，钢渣 4 和锰渣、磷渣等是细粒状工业固体废弃物。一般慢冷渣是粗粒状或中粒状渣。水淬渣是细粒状渣，且其中大多数粒径在 4. 75mm 以下，是典型的细粒状渣。沸腾炉渣也属于细粒状渣。

具有足够硬度的粒状工业固体废弃物可以替代天然碎石、砂砾用作路面基层材料的集料，其中，粗、中粒状的钢渣可以用作粗集料，细粒状渣可以用作细集料。因此，破碎的混凝土再生骨料、破碎的尾矿废石在性能满足路面基层集料要求的前提下，替代路面基层集料制备工业固体废弃物路面基层材料是完全可行的，本书中不单独介绍。

粉状：指当量粒径不大于 4. 75mm，且 0. 075mm 通过率大于 30% 的废渣。如粉煤灰、磷石膏、氟石膏、电石渣、城市垃圾焚余渣等都是粉状工业固体废弃物。惰性的粉状工业固体废弃物起到填充路面基层材料空隙的作用，活性工业固体废弃物还可以在路面基层材料中起到部分胶凝固结作用。

（2）工业固体废弃物的分类体系

根据工业固体废弃物自身的颗粒尺寸、胶凝固结特性以及与其他工业固体废弃物组配后的固结特性，并结合这些工业固体废弃物在路面基层材料中可以发挥的作用，我们建立了一种工业固体废弃物分类体系（图 2-2）：

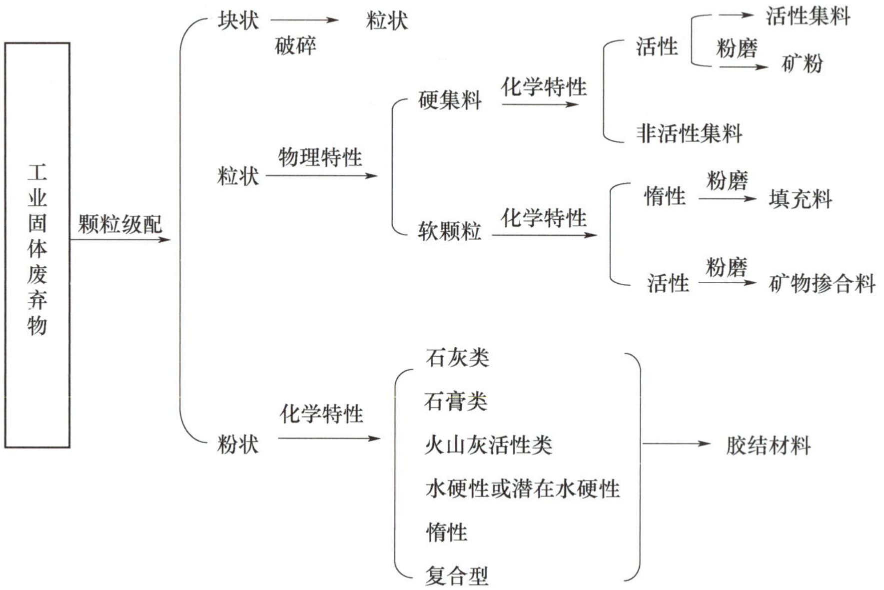

图 2-2　工业固体废弃物分类体系

这种分类体系基于工业固体废弃物的颗粒分布、物理化学特性，依据不同种类的固体废弃物的固有特点，在路面基层材料中充分发挥其自身的特性，作为不同的组分替代路面基层材料中的天然集料和胶凝材料制备路面基层材料。因此，这种分类体系可以用于指导 ISW-RBM 的材料设计，甚至可以推广到工业固体废弃物胶凝体系的材料设计。

2.2　ISW-RBM 的设计体系

2.2.1　ISW-RBM 的设计目标

路面基层材料是路面重要的结构层（图 2-3），不仅是路面的承重层或传递车载应力的层次，也是对抗水损害保证全天候通行的重要层次。路面基层的质量对路面的整体质量至关重要，结合常规路面基层材料的性能需要以及本文的研究目标，ISW-RBM 应该具有如下的性能。

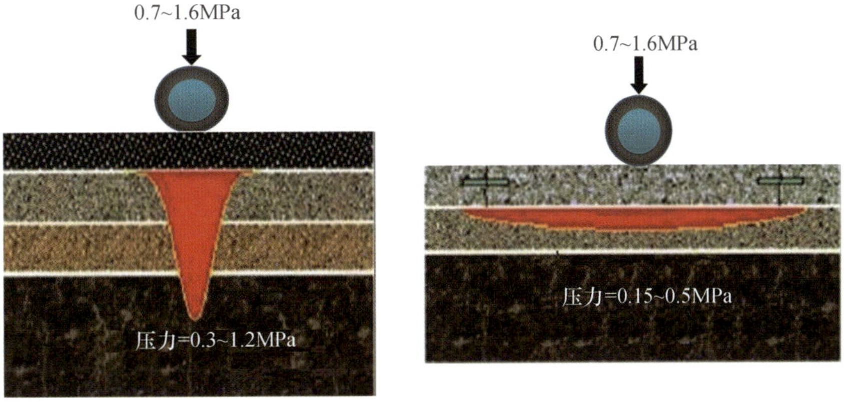

(a)　　　　(b)

图 2-3　路面的结构与基层的作用

（a）沥青混凝土路面；（b）水泥混凝土路面

（1）足够的强度和刚度

基层材料的强度通常指抗压强度和抗拉强度（通常用间接抗拉强度来表征），刚度指基层材料的回弹模量，基层顶面的回弹模量取决于基层材料的回弹模量和基层结构层的厚度。对于 ISW-RBM 而言，形成较高的强度和适当刚度，有利于基层承载能力的改善[26]。在设计过程中，通过以下途径来达到以上的设计目的：① 优化集料和结合料的比例，增强路面基层材料中集料的嵌锁能力；② 优化结合料的配比，增强路面基层材料的结合料的胶凝性能；③ 利用工业固体废弃物集料的活性，增强集料和结合料之间的胶结，增强界面黏结力。遵循以上原则设计出的 ISW-RBM 的强度和传统的二灰类基层材料以及水泥稳定类基层材料相比，早期强度通常介于后两者之间，后期甚至有一定幅度的提高，强度的递延更为持续稳健。

（2）足够的水稳性和冰冻稳定性

路面基层材料在建设和服役过程中，都会受到水的浸泡，所谓水稳性就是指基层材料在水的浸泡过程中能保持其强度和整体性的能力。增强路面基层材料的水稳性的途径：① 提高路面基层材料的强度；② 降低路面基层材料的孔隙率；③ 增强路面基层材料水化物的稳定性；④减少路面基层材料的吸湿膨胀或干燥收缩大的成分。在北方冰冻地区还应考虑路面基层材料的抗冰冻能力，减少冰结对路面基层的破坏。以上提高水稳性的措施大多也有利于抗冻性的提高。

（3）良好的抗冲刷能力

多雨地区和冻融地区的路面水损害是道路破坏的典型形式（图 2-

4)，一旦雨水侵入沥青或水泥混凝土面层后会滞留在基层顶面，在行车荷载作用下，基层与面层之间会产生高压水头的冲刷，基层材料很容易产生冲刷唧泥现象。提高基层的强度或提高基层的透水能力是增强基层抗冲刷唧泥能力的两个途径；改善基层的抗裂性是减少基层与面层间产生积水的重要手段，可避免基层材料被层间水冲刷。在 ISW-RBM 设计时，可以通过基层材料结构的优化和基层胶结材料胶凝性的提高来增强基层材料的抗冲刷性能。

（4）良好的抗裂性

当路面基层材料的收缩应变超过其极限抗应变时，基层材料就会不可避免地产生收缩开裂。基层在养护结束后较长时间暴晒，特别是高温季节暴晒或大幅度降温的情况下，不可避免地会产生干缩裂缝。基层的裂缝容易诱发沥青面层的开裂，这就是常说的反射裂缝。因此基层材料的抗裂性对路面的整体质量有关键性的作用，特别是在沥青层较薄（小于 10cm）的情况下，放射到面层的裂缝占面层裂缝总数的绝大部分。现场观测表明，传统基层在养护结束后无覆盖的情况下，经过 10 ~ 30d 就会产生横向干缩裂缝。初期裂缝间距 6 ~ 10m。在铺筑沥青面层前，一般情况下须对这类裂缝进行处理（包括将自然裂缝切开，充填改性沥青及铺玻纤网等）。即使对基层裂缝采取处理措施，也不能保证没有裂缝放射到面层表面。ISW-RBM 在设计时，要考虑从化学收缩、干缩、温缩等方面减少其收缩，并通过 AFt 的形成和生长，产生一定的微膨胀性以补偿基层材料的收缩，并利用其水化过程持续稳定的特点，使路面基层材料具有一定的“自愈合”性[96-97]，减少裂缝的产生和扩展。

由于基层的收缩开裂造成的路面放射裂缝是导致路面面层和基层之间雨水或融雪积水的重要原因（图 2-4），因此增强基层材料的抗裂性是提高道路服役寿命的有效措施。

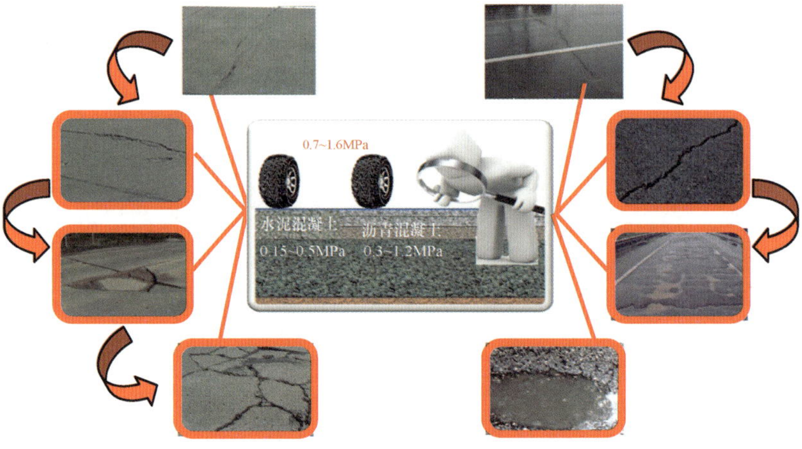

图 2-4　路面的典型病害

（5）有足够高的平整度

基层平整度对沥青面层厚度的均匀性、沥青面层的平整度以及平整度的持久性都有显著影响。实践证明，用摊铺机铺筑的基层混合料，基层的平整度良好，基层表面的不平整度可以缩小到标准差 1.5mm 左右，沥青面层的不平整度可以降低到 0.6mm 以下。但是基层的平整度也不仅仅是施工的问题，基层混合料好的均质性也可有效提高其平整度。因此，在设计 ISW-RBM 时，应考虑基层材料的集料级配以及集料结合料的合理比例，保持混合料均匀不离析。

（6）面层与基层结合良好

沥青面层与基层良好结合对沥青路面的使用性能和使用寿命有十分重要的意义。面层与基层结合不好，往往是由于基层表面有松散集料、薄层黏土或砂土；基层混合料表面黏性不好；容易压碎等。面层与基层结合不好，可使面层底面的拉应力增加数倍以上，对沥青面层的长期使用性能和使用寿命十分不利，基层表面的这些缺陷也是沥青路面产生早期水损害的重要原因之一。可以通过提高基层的整体性，优化材料结构，减少表面离析松散、浮渣和起灰以提高基面层之间的黏结力。

（7）良好的环境协调性

传统路面基层材料的生产施工过程对环境的影响大，路面基层材料用量大，对环境影响十分突出，但一直未能引起足够的重视。在 ISW-RBM 的研究中应考虑其环境影响，尽量提高其生产、使用、废弃、再循环整个过程中的环境协调性。

2.2.2 ISW-RBM 的设计原则

为了达到 ISW-RBM 的设计性能，保证这类材料推广应用的可行性，在 ISW-RBM 的材料组成、结构设计方面应把握如下一些原则。

（1）材料组成原则

①满足路面基层材料的服役性能要求

工业固体废弃物路面基层材料性能特别是路用性能应满足公路设计等级的性能要求，不能因为工业废渣的应用降低路面基层的服役性能。

②尽可能多地使用工业固体废弃物

尽量多地使用工业固体废弃物，减少天然集料和胶凝材料的使用量，降低路面基层材料的整体材料成本，减少路面基层材料的环境影响[26,98]。另外，控制放射性废渣和重金属离子含量高的工业固体废弃物在基层材料中的比率，减少路面基层材料可能产生的二次污染。

③充分发挥工业固体废弃物自身的特性

充分利用工业固体废弃物的骨架效应、活性效应、微集料效应、形态效应[99]，提高 ISW-RBM 结构的致密性，增强结构单元间的结构连接，增强 ISW-RBM 的性能，实现路面基层的高性能化。

④良好的环境协调性

在进行材料设计时要考虑材料废弃后的再生循环的可能性，原材料的选择应避免使用环境负荷大的原材料，提高材料的环境协调性，达到路面基层材料的生态设计。

⑤良好的技术经济性

通过对组成进行最优化设计，实现路面基层材料性能和造价的协调统一。在实现良好使用性能和环境协调性的同时，考虑路面基层材料的利润最大化。

（2）材料结构的设计原则

①良好的骨架性

通过粗细颗粒的合理组配，实现粗颗粒的紧密嵌锁，形成很好的强度骨架，细颗粒充分填充集料间隙，实现细颗粒间的充分胶结，以及粗细颗粒之间的良好结合。通常以骨架密实结构为主，实现路面基层材料的良好力学性能以及抗干缩能力。

②充分的填充性

利用粉状工业固体废弃物以及石灰、水泥等对集料堆积空隙的填充，实现 ISW-RBM 宏观结构的密实化；利用粉状工业固体废弃物与水泥石灰之间的胶凝固结作用，以及工业废石膏对水化物组成的优化、水化物之间结构连接的增强以及补偿收缩作用，实现结合料微观结构的优化，提高路面基层材料的力学性能、耐久性以及体积稳定性。

③良好的界面黏结

充分利用粒状工业固体废弃物的活性，利用其与结合料之间的水化反应，增强结合料和集料的界面黏结力，减少基层表面的松散和起灰，进一步增强路面的整体性，提高抗冲刷性能，减少路面病害。

（3）材料施工性设计

①装备要求

本文研制的 ISW-RBM，施工时尽可能不采用特殊的设备，路面基层施工的常规设备即能满足要求。对于一些黏度比较高的膏状物要用强制性下料装置。

②工艺要求

施工方便，机动灵活，不采用任何特殊的施工工艺，ISW-RBM 的工艺参数切实可行，通常需要有适当的早期强度，以避免养护期过长。

③施工环境

环境污染小，施工过程不产生空气污染（粉尘、有害气体），不危害施工人员身体健康。ISW-RBM 不对沿线农作物、水源和土壤产生污染。

2.2.3 ISW-RBM 的设计体系

传统的路面基层材料，主要是由土料和无机结合料组成的一种固化体。路面基层材料的两种组成都可以由不同种类的固体废弃物替代。根据 2.1 节的工业固体废弃物的分类体系，以路面基层材料的组成特征为依据，本节建立了以工业固体废弃物为主的路面基层材料设计体系（图 2-5）。

- 基层材料组成
  - 土料
    - 细粒料
      - 微集料　粉状工业固体废弃物（粉煤灰等）
      - 细集料　细粒状工业固体废弃物替代（磷渣、锰渣）
    - 粒料土
      - 粗粒土　工业固体废弃物替代（钢渣）
      - 中粒土　工业固体废弃物替代（钢渣）
  - 胶凝材料
    - 石膏类　工业废石膏（磷石膏、氟石膏）
    - 石灰类　石灰类工业固体废弃物（电石渣、反烧石）
    - 火山灰类　火山灰质工业固体废弃物（粉煤灰、沸腾炉渣）
    - 水硬性　用水硬性或潜在水硬性工业固体废弃物（钢渣、赤泥）

图 2-5　ISW-RBM 的设计体系

我国粉煤灰、磷石膏、磷渣、锰渣、钢渣等工业固体废弃物产生量大、利用率低，分布广泛，本文以这几种典型的工业固体废弃物为研究对象，根据各种工业固体废弃物的物理化学性质和固结特性，以及材料设计的原理，结合以往研究成果，制订出工业 ISW-RBM 的组合设计方案。

活性的粉状工业固体废弃物以及活性粒状工业固体废弃物中的粉状颗粒可以作为路面基层材料的结合料，ISW-RBM 可以与如下几种结合料形成体系：石灰类（石灰）-火山灰类-（石膏类）、水硬性类（水泥）-火山灰类-（石膏类）、石灰（水泥）-潜在水硬性类-（石膏类）。但是潜在水硬性类粒化渣中的粉状成分很少，通过粉磨后才有足够的胶凝性，而路面基层的额定单价低，如果采用粉磨粒状渣会大幅度增加成本，所以使用原状渣比较可行，因此本文没有对石灰（水泥）-潜在水硬性类-（石膏类）展开研究。本文研究了石灰-粉煤灰-（磷石膏）、水泥-粉煤灰-（磷石膏）、钢渣-粉煤灰-（磷石膏）三种结合料。

集料在路面基层中起到增强骨架的作用，有足够硬度的工业固体废弃物都可以作为 ISW-RBM 的集料。ISW-RBM 可以有如下几种集料体系：天然集料、粗粒状渣粗集料（钢渣、慢冷渣、增钙）、细粒状渣细集料（磷渣、锰渣）、天然集料-粒状废渣复合集料、天然集料-粉状渣复合集料。本文中研究天然集料、粒化渣集料、钢渣集料、天然集料-粉煤灰活性微集料。

不同的工业废渣可以在 ISW-RBM 中充当不同功能的组分。同一种工业废渣也可以同时充当不同组分，粉煤灰既是良好的结合料，也是一种微集料；钢渣是很好的硬质集料，钢渣中含有大量的粉状成分，也可以充当水硬性的结合料。

通过以上几种 ISW-RBM 的结合料、集料设计，结合我国工业固体废弃物的排放特点，根据 ISW-RBM 的设计原则，本文设计了如下四个系列的 ISW-RBM。

（1）石灰-粉煤灰-磷石膏-（集料）[L-FA-PG-（A）]

石灰与粉煤灰之间的火山灰质反应是石灰-粉煤灰结合料强度形成的基础，由于石灰与粉煤灰之间的活性 SiO_2 和 Al_2O_3 的反应十分缓慢，二灰类材料的早期强度过低的问题一直制约着这类材料的推广应用。磷石膏是一种大量排放的废渣，磷石膏中的有效成分（$CaSO_4 \cdot 2H_2O$）高，对石灰-粉煤灰体系的火山灰活性有明显的激活作用，并可以参与反应生成水化硫铝酸钙，形成具有更好性能的路面基层材料——石灰-粉煤灰-磷石膏路面基层材料（Lime-fly ash-phosphogypsum，L-FA-PG）。以 L-FA-PG 为结合料，加入天然集料作为强度骨架，可以制备出 L-FA-PG-A 类路面基层材料。

（2）石灰（水泥）-粉煤灰-磷石膏-粒状渣 [L（C）-FA-PG-GS]

磷渣和锰渣等粒化粒状渣在我国利用率很低，具有一定的活性，但其级配不良，细颗粒含量低，堆积空隙率大，作为集料时需要有较大数量的结合料对其进行填充和稳定，加入粉煤灰、石灰（水泥），不仅可起到填充粒状渣堆积孔隙的作用，而且可使结合料胶凝固结。本文设计了石灰-粉煤灰-粒化粒状渣（Lime-fly ash-granular slag，L-FA-GS）或水泥-粉煤灰-粒化粒状渣（Cement-fly ash-granular slag，C-FA-GS）路面基层材料，加入一定量的磷石膏对这些材料强度的形成有很好的激发作用。磷渣、锰渣等在这个体系里主要起活性集料作用，在石灰、硫酸盐的激活作用下，表面会具有一定的水化作用，强化界面黏结，和碎石与二灰界面黏结力相比有大幅度提高，这些活性工业固体废弃物中的粉料也起到一定的胶凝固结作用。这类材料归为石灰（水泥）-粉煤灰-磷石膏-粒状渣 [Lime（cement）-fly ash-posphogypsum-granular slag，L（C）-FA-PG-GS]。

（3）钢渣-粉煤灰-磷石膏（SS-FA-PG）

钢渣是炼钢工业废渣，多数转炉钢渣中含有 C_2S、C_3S、铝酸钙和铁铝酸钙等水硬性矿物和硅、铝质玻璃体，因而具有很好的水硬性和潜在水硬性[67,68,101]。目前钢渣大量用于填筑工程，用水泥、石灰或石灰粉煤灰稳定钢渣作路面基层材料的研究在国内外已有开展[66-77]，但这些研究没有充分利用钢渣自身很强的水硬活性。实践中应利用钢渣自身良好的水硬活性和粉煤灰的火山灰活性以及磷石膏对水化反应良好的硫酸盐激发作用。另外，钢渣是强度很高的硬质活性集料，可以发挥增强骨架的作用。本文设计了钢渣-粉煤灰-磷石膏路面基层材料（Steel slag-fly ash-phosphogypsum，SS-FA-PG）。

（4）水泥稳定-粉煤灰-活性复合集料（C-FA-A）

天然石料破碎生产的集料往往含有较少的细集料，水泥稳定粒料的强度尽管很高，但是集料数量少，颗粒之间空隙率大，整体性和抗裂性差。通过加入一定量的粉煤灰可以填充集料的空隙，增强基层材料的整体性、均质性和抗裂性。利用水泥的快速水化提高早期强度，制备的水泥-粉煤灰稳定-粒料（Cement-fly ash-aggregate，C-FA-A）路面基层材料的性能将比传统的水泥稳定粒料和二灰粒料类基层有根本的改善。

综上所述，本文通过对工业固体废弃物的物理力学性质、颗粒分布、物理技术性能、化学矿物组成、胶凝固结特性进行研究，提出了一种基于工业固体废弃物固有性质的分类体系。通过对路面基层材料组成的分析，利用工业固体废弃物替代路面基层材料中的天然土石料以及人工胶凝材料，建立以工业固体废弃物为主要成分的 ISW-RBM 设计体系。提出了路面基层的性能要求以及 ISW-RBM 及其设计原则，阐述了 ISW-RBM 的设计原理，并设计出了四个系列的 ISW-RBM。这几个系列的废弃物可以用性质相近的其他废弃物替代，开发其他类似的 ISW-RBM，实现就地消纳工业固体废弃物制备路面基层材料的目的。

3 工业固体废弃物胶凝体系水化动力学研究

随着制造业的迅速发展，我国工业固体废弃物的产生量日益增多，2018 年的产生量已经达到 34 亿 t，成为经济和社会可持续发展的严峻挑战[21]。同时我国迅猛发展的基础设施建设需要大量的胶凝材料。大多数工业固体废弃物的化学成分与胶凝材料相近，而且大多处于介稳态，具有一定的胶凝活性和潜在胶凝性，工业固体废弃物在胶凝材料领域的应用不仅消纳了大量的工业废渣，也节省了大量的人造胶凝材料。工业固体废弃物在胶凝材料中的水化反应是其应用的基础，其反应热力学决定了其反应产物和其胶凝性能。本文通过对工业固体废弃物化学特性的研究，将工业固体废弃物分为 6 类，通过 6 类工业固体废弃物的有效组配形式将其分为 6 种工业固体废弃物胶凝材料体系：石膏系、石灰系、石灰-火山灰系、水硬体系、水泥-火山灰系、石灰-火山灰-石膏系。根据热力学的基本原理，计算了各种体系的胶凝材料的水化热力学参数，并对水化反应过程中的产物进行了分析，分析了各胶凝材料体系的水化活性、水化反应、水化产物。工业固体废弃物胶凝体系是 ISW-RBM 强度形成和其他性能形成的基础，从热力学层面探讨工业固体废弃物胶凝体系，对 ISW-RBM 的研究应用具有指导意义。

3.1 工业固体废弃物固结特征和分类

3.1.1 工业固体废弃物的化学组成

固体废弃物（solid waste）是指在社会的生产、流通、消费等一系列活动中产生的一般不再具有原使用价值而被丢弃的以固态赋存的物质[14]。工业固体废弃物（industrial solid waste）是指工业生产过程中产生的废渣、粉末、碎屑、污泥等。表 3-1 列出了典型工业固体废弃物的化学成分范围。

表 3-1　几种典型工业固体废弃物化学成分（%）[14]

名称	SiO_2	Al_2O_3	CaO	MgO	Fe_2O_3	K_2O	Na_2O	FeO	SO_3	烧失量
煤矸石	40 ~ 65	15 ~ 35	1 ~ 7	1 ~ 4	2 ~ 9	1 ~ 2.5	<1	—	—	2 ~ 7

续表

名称	SiO_2	Al_2O_3	CaO	MgO	Fe_2O_3	K_2O	Na_2O	FeO	SO_3	烧失量
粉煤灰	40~60	20~35	0.8~7	0.5~2.5	2~12	0.5~2	0.2~1	—	0.1~2	2~15
钢渣	10~30	2~6	35~50	3~12	2~10	—	—	8~24	—	—
矿渣	30~40	6~16	38~43	4~8	1~5	—	—	—	0.1~0.2	—
磷渣	35~43	3~10	41~51	1~3	0.25~2	0.5~2	0.5~1	—	—	—
硅灰	48~56	0.5~2	32~47	1~5	0.5~2	0~1	0~0.5	—	—	1~6
电石渣	2~3	0.5~2	43~56	0.25~3	0.3~2	—	—	—	—	15~36
磷石膏	0.5~3.0	0.5~3.5	30~38	0~1.5	0.1~0.4	—	—	—	40~52	18~22
赤泥	20~22	6~19	44~48	1.5	8~10	—	2~3	—	—	—

工业固体废弃物的种类很多，产量很大，分布面很广，常年均衡排放，可作为稳定的可再生资源加以利用。建材生产地与工业固体废弃物产生地点大体一致，这为工业固体废弃物资源化利用提供了方便。大多数工业固体废弃物的物相组成较为稳定，化学成分与建材原料相近甚至具有更高的品位，有些工业固体废弃物具有潜在的胶凝活性，能够作为胶凝材料和辅助胶凝材料使用，并能改善原胶凝材料的一些性质，如混凝土中加入矿渣微粉或粉煤灰后可以起到改善工作性、降低水化热、提高耐久性的作用。

3.1.2 工业固体废弃物的胶凝分类

根据工业固体废弃物的化学组成、矿物特征以及胶凝固结特征，工业固体废弃物根据其胶凝性可分为以下几类[3]。

石灰类：主要成分是 CaO 或 $Ca(OH)_2$的工业固体废弃物。石灰类工业固体废弃物中最典型的是电石渣，电石渣是电石与水反应制备乙炔后留下的废渣，一般有干排和湿排两种，干排电石渣以 CaO 存在，湿排电石渣则以 $Ca(OH)_2$存在；另外，一些水泥窑排放的经过高温的旁路窑灰，也含有大量 CaO。石灰类工业废渣可以和硅铝质工业废渣中的活性 SiO_2、活性 Al_2O_3发生火山灰质反应，是火山灰质反应的激发剂。

石膏类：主要成分为 $CaSO_4 \cdot 2H_2O$、$CaSO_4 \cdot \frac{1}{2}H_2O$ 和 $CaSO_4$的工业固体废弃物。其最典型的为磷石膏、脱硫石膏、氟石膏、黄石膏盐、盐田石膏以及固硫灰等。石膏类工业固体废弃物可以激发火山灰质反应，是良好的“硫酸盐型激发剂”，可以和钙铝成分反应并生成三硫型水化硫铝酸钙，使得固相体积显著增加而产生一定的膨胀性，合理利用石膏可以起到增加体系的密实程度和补偿收缩作用。

火山灰类：这类工业固体废弃物化学成分的特点是含有较多的无定

形（介稳态）的 SiO_2和 Al_2O_3，不含或只含少量的 CaO。这类工业固体废弃物自身不能产生胶凝作用，但其中活性 SiO_2 和 Al_2O_3 可以和 $Ca(OH)_2$等碱和碱金属盐反应，产生一定的水硬性。火山灰类工业固体废弃物排放量大、利用率低，典型的火山灰类工业固体废弃物有粉煤灰、煤矸石、沸腾炉渣、液态渣、炉渣和硅灰。另外，石灰类固体废弃物也可能与空气中的 CO_2反应形成 $CaCO_3$，产生化学固结作用，贡献于路面基层材料的强度形成和发展。

潜在水硬性类：这类工业固体废弃物的化学组成特点是除含有 SiO_2和 Al_2O_3外，还含有一定量的 CaO（一般低于熟料中的 CaO 含量），单独存在时只能缓慢发生水硬反应，但在激发剂（如石灰、熟料、碱类、石膏等）的激发作用（或活化作用）下，可呈现较强的水硬性，一般是高温熔融状态的渣液经淬冷而形成的含有大量玻璃态的粒状渣。典型的潜在水硬性工业固体废弃物有高炉矿渣、黄磷渣、锰铁矿渣、硫铁矿渣、铬铁渣和热电增钙液态渣以及铝氧熟料经过湿磨萃取铝酸钠溶液后的含水浆状渣——赤泥。

水硬性类：这类工业固体废弃物的特点是具有较高的 CaO 含量，一般含有 C_3S、C_2S、C_3A 等矿物，能单独水化形成一定的水硬性，具有类似水泥熟料的性质，其中 C_3S 型和 C_2S 型钢渣是典型的水硬性工业固体废弃物。

惰性和有害类：有些废渣溶解度低，处于比较稳定的结晶形态，没有或只有很低的胶凝活性，如一些尾矿和回收粉尘，在胶凝体系中只能起到填充作用。还有一些含有有害成分（如黏土、云母以及有机物）和影响水泥水化的物质，不能大量直接用于胶凝材料，但可以作为生产水泥的原材料使用。

在以上 6 类工业固体废弃物之间以及固体废弃物与人造胶凝材料（水泥熟料、石灰、石膏）之间进行有效的组配，可以得到 6 个系列的胶凝材料系统。

3.2 工业固体废弃物胶凝固结系统

3.2.1 石膏系统

石膏的使用起源于公元前 2000—3000 年，人们开始使用煅烧石膏。古埃及的金字塔就曾经用过煅烧的石膏胶泥[102]。石膏类工业固体废弃物排放量大，目前的利用率在我国还很低。表 3-2 给出了石膏在水中的化学反应以及反应热力学参数。

表 3-2 石膏的水化反应方程式及其热力学参数[103]

系统水化反应	ΔH_{298}^{0}/(kJ·mol^{-1})	ΔG_{298}^{0}/(kJ·mol^{-1})	ΔS_{298}^{0}/(J·mol^{-1}·K^{-1})
$CaSO_4 + 2H_2O = CaSO_4 \cdot 2H_2O$	-18.420	-97.278	-66.944
$CaSO_4 = Ca^{2+} + SO_4^{2-}$	-17.145	-62.19	-48.024
$CaSO_4 \cdot 0.5H_2O + 1.5H_2O = CaSO_4 \cdot 2H_2O$	-17.145	-4.8465	-41.265

无水石膏在向二水石膏转化的过程中，以及半水石膏向二水石膏的转化过程中，都伴随自由焓的降低，也就是转变为更稳定的形态。这几种生成二水石膏晶相的过程形成了强度。石膏是广泛应用的一种气硬性的胶凝材料，同时能用作水泥熟料中的缓凝剂。只要能消除工业废石膏中有害杂质的影响，工业废石膏完全能替代天然石膏在胶凝材料中应用，如日本的工业废石膏的利用率几乎是100%。

3.2.2 石灰系统

石灰与石膏一样是最早使用的胶凝材料，石灰的胶凝性主要来自氢氧化钙的碳化反应，早期氢氧化钙的晶化作用也对强度的形成有一定的作用。石灰的水化过程见表3-3。

表 3-3 石灰的水化反应方程式、水化产物及其热力学参数[103]

系统水化反应	ΔH_{298}^{0}/(kJ·mol^{-1})	ΔG_{298}^{0}/(kJ·mol^{-1})	ΔS_{298}^{0}/(kJ·mol^{-1}·K^{-1})
$CaO + H_2O = Ca(OH)_2$	-64.7104	-57.1910	-26.2680
$Ca(OH)_2 = Ca^{2+} + 2OH^-$	-14.0900	-30.4220	-8.7900
$Ca(OH)_2 + CO_2 = CaCO_3 + H_2O$	-113.1058	-73.0395	-134.3352

石灰水化速度快，水化热较大，所以水化过程温度上升很快，前期形成$Ca(OH)_2$晶体，再经过长期的缓慢碳化反应，最后形成更为稳定坚硬的$CaCO_3$胶凝物质，这些反应都伴随着明显的自由焓降低，同时材料的强度和稳定性也逐渐增强。石灰类工业废渣也可以利用其气硬性作为建筑材料使用，如电石渣［主要成分为$Ca(OH)_2$］砂浆也能替代普通的石灰砂浆用于砌筑工程。

3.2.3 石灰-火山灰系统

石灰-火山灰是应用最早的水硬性胶凝材料。古罗马的“庞贝”城和罗马万神殿斗兽场都是由这类材料修筑而成的。我国古代广泛应用的三合土其实就是一种石灰-火山灰的胶凝材料[102]，但黏土的火山灰胶凝性相对火山灰而言要弱一些。现在广泛应用的石灰土、二灰（石灰-粉煤灰）稳定土道路基层和土工坝以及石灰粉煤灰类墙体材料也是石灰火山灰胶凝系统。表3-4给出了石灰-火山灰系胶凝材料的热力学参数。

表3-4　石灰-火山灰系统水化反应及热力学参数[103,104]

系统水化反应	ΔH_{298}^0/（kJ·mol^{-1}）	ΔG_{298}^0/（kJ·mol^{-1}）	ΔS_{298}^0/（J·mol^{-1}·K^{-1}）
$2C+1.17H+SiO_2 \longrightarrow C_2SH_{1.17}$	-97.5769	-86.7763	-36.2253
$1.7C+SiO_2+4H \longrightarrow C_{1.7}SH_4$[9]	-142.1797	—	—
$3C+2.17H+SiO_2 \longrightarrow C_3SH_{2.17}$	-251.8768	-193.6355	-195.3422
$3C+2SiO_2+3H \longrightarrow C_3S_2H_3$	-273.3052	-162.3846	-372.0295
$3C+Al_2O_3+6H \longrightarrow C_3AH_6$	-250.7629	-185.0165	-220.5145
$2C+Al_2O_3+8H \longrightarrow C_2AH_8$	-163.5058	-88.0771	-252.9891
$C+Al_2O_3+10H \longrightarrow CAH_{10}$	-119.8619	-19.9236	-335.1947
$4C+Al_2O_3+13H \longrightarrow C_4AH_{13}$	-369.3343	-239.5698	-432.2373
$4C+Al_2O_3+19H \longrightarrow C_4AH_{19}$	-453.4733	-251.9714	-430.3683
$Fe_2O_3+3H \longrightarrow 2FH_3$	-49.3540	-59.9864	-366.7295

石灰-火山灰系的水化产物以水化硅酸钙和水化铝酸钙为主，但水化硅酸钙和水化铝酸钙都有几种不同的化学式。通常水化硅酸钙存在高钙和低钙两种，这两种产物又和氢氧化钙固溶，一般认为稳定存在的C-S-H的C/S比在1.7左右[103]，单从以上的几个反应式的热力学数据也可以认为，C/S为1.5比较稳定。C_4AH_{19}的自由焓变较小，常温下会优先生成。C_2AH_8和C_4AH_{19}处于介稳态，常温下不稳定，在较高温度下（高于35℃）会转变成C_3AH_{13}并伴随体积收缩，在高温下甚至会直接生成后者。

3.2.4　水硬系统

水硬性的工业固体废弃物含有部分或全部的水泥熟料矿物，其水化反应过程及其热力学参数见表3-5。

表3-5　熟料系统水化反应及热力学参数[5,7,10,11]

系统水化反应	ΔH_{298}^0/（kJ·mol^{-1}）	ΔG_{298}^0/（kJ·mol^{-1}）	ΔS_{298}^0/（J·mol^{-1}·K^{-1}）
$C_2S+1.17H = C_2SH_{1.17}$	-22.5936	-10.0834	-41.9594
$C_2S+4.3H = C_{1.7}SH_4+0.3\ CH$[9]	-41.2778	—	—
$C_2S+2H = 1/2(C_3S_2H_3)+(1/2)CH$	-29.7901	-16.4850	-155.207
$C_2S+7/6H = 1/3(C_4S_3H_{1.5})+(2/3)CH$	-23.9325	-7.1546	-104.267

续表

系统水化反应	ΔH_{298}^0/(kJ·mol^{-1})	ΔG_{298}^0/(kJ·mol^{-1})	ΔS_{298}^0/(J·mol^{-1}·K^{-1})
$C_2S + (7/6)H = 1/6(C_6S_6H) + CH$	-16.0247	-1.75728	-47.8532
$C_2S + (25/12)H = 1/6(C_5S_6H_{5.5}) + (7/6)CH$	-28.493	-5.77392	-76.2002
$C_2S + (6.5/3)H = 1/3(C_2S_3H_{2.5}) + (4/3)CH$	-29.7064	-2.0502	-92.760
$C_2S + 2.5H = 1/2(CS_2H_2) + (3/2)CH$	-26.4429	-5.7739	-108.056
$C_3S + 2.17H = C_3SH_{2.17}$	-101.2528	-78.4918	-76.341
$C_3S + 5.3H = C_{1.7}SH_4 + 1.3CH$	-81.6792	—	—
$C_3S + 3H = 1/2(C_3S_2H_3) + (3/2)CH$	-83.0942	-50.8356	-108.196
$C_3S + (13/6)H = 1/3(C_4S_3H_{1.5}) + (5/3)CH$	-51.9816	-74.85176	-76.707
$C_3S + (13/6)H = 1/6(C_6S_6H) + 2CH$	-94.6839	-69.37072	-84.901
$C_3S + (18.5/6)H = 1/6(C_5S_6H_{5.5}) + (13/6)CH$	-117.2775	-73.97312	-145.244
$C_3S + (9.5/3)H = 1/3(C_2S_3H_{2.5}) + (7/3)CH$	-106.2736	-74.22416	-107.494
$C_3S + 3.5H = 1/2(CS_2H_2) + (5/2)CH$	-105.0184	-62.1324	-143.840
$C_3A + 15/2H = 3/4(C_4AH_9) + 1/4AH_3$	-357.1881	-169.2846	-630.231
$C_3A + 6H = C_3AH_6$	-276.62	-203.4261	-245.494
$C_3A + 9H = C_2AH_8 + CH$	-259.0733	-163.6781	-319.957
$C_3A + 12H = CAH_{10} + 2CH$	-275.1398	-152.7160	-410.611
$C_4AH_9 + C_2AH_8 = 2C_3AH_6 + 5H$	-1531.6533	-1274.161	-488.19
$C_4AF + 20H = C_4AH_{19} + 2HFeO_2$	-399.9904	-197.4848	-679.207
$C_4AF + 10H = C_3AH_6 + CH + FH_3$	-580.4228	-154.013	-1430.19
$C_3A + 12H + CH = C_4AH_{13}$	-330.481	-200.788	-442.0504

从以上的数据可以看到，矿物的水化反应自由焓变的绝对值的次序为 $C_2S < C_3S < C_3A < C_4AF$，这和这些矿物的早期水化速率次序 $C_2S < C_3S < C_4AF < C_3A$ 比较一致，因此自由焓变在一定程度上反映了这些矿物的早期水化反应活性，以及对水化热的贡献率。水硬性工业固体废弃物中的钙和铝成分含量的提高对水泥的反应活性有利，这和当前表征它们的反应活性的一些指数是一致的。

3.2.5 石膏水硬系统

通常水硬性工业固体废弃物的水化比较缓慢，还不能比较好地单独作为胶凝材料使用，在其中加入一定量的石膏后能改善其胶凝性能，甚至在一些潜在胶凝性的工业固体废弃物中加入石膏后可以形成性能良好的水泥，如库尔水泥（石膏矿渣水泥）。石膏水硬性系统的可能反应除包含表 3-5 的方程外，还会有表 3-6 的几种反应可以发生。

表 3-6 普通硅酸盐水泥系统水化反应及热力学参数[103-109]

系统水化反应	ΔH^0_{298}/（kJ·mol^{-1}）
$C_3A+3C\bar{S}H_2+26H=C_3A\cdot3C\bar{S}\cdot H_{32}$	-2505.020
$2C_3A+C_3A\cdot3C\bar{S}\cdot H_{32}+4H=3C_4A\bar{S}H_{12}$	-1048.130
$C_4AF+3C\bar{S}H_2+30H=C_3A\cdot3C\bar{S}\cdot H_{32}+CH+FH_3$	-1647.978
$2C_4AF+C_3A\cdot3C\bar{S}\cdot H_{32}+12H=3C_4A\bar{S}H_{12}+2CH+2FH_3$	-1173.585
$C_3A\cdot3C\bar{S}\cdot H_{32}+6CH+2A=3C_4A\bar{S}H_{12}+2H$	-675.370

加入石膏后，C_3A 能形成更为稳定的单硫型或三硫型的水化硫铝酸钙，由于硫酸盐的加入，水硬性或潜在水硬性的工业固体废弃物的反应活性增强，这和反应产物更大的自由焓变（反应推动力）有关。而在水泥中石膏和 C_3A 的反应非常快，因而能形成凝胶状（反应快，结晶不完善）三硫型的水化硫铝酸钙保护膜，起到防止快凝的作用。从自由焓变来看：三硫型水化硫铝酸钙比单硫型水化硫铝酸钙热力学更稳定，在自然界也可以发现三硫型钙矾石矿石的存在[104]，但在硫供应不足时，由于 C_3A 相的高活性和自由焓，可以驱动三硫型向单硫型的直接转化。

3.2.6 石灰-火山灰-石膏系统

石灰-火山灰系以及一些混合水泥中的火山灰类材料和水泥水化产生的氢氧化钙之间的反应通常非常缓慢，但在石膏的激发下能表现出较强的水硬性。因此有研究者研制了石灰-磷石膏-粉煤灰类的路面基层材料，研究表明这类材料比传统的二灰类材料的早期强度有明显提高[106]。石灰-火山灰-石膏系的可能反应除表 3-4 列出的外，还有表 3-7 列出的几种。

表 3-7 火山灰-石灰-石膏系统水化反应及热力学参数[103-105]

系统水化反应	ΔH^0_{298}/（kJ·mol^{-1}）
$C_4AH_{19}+3C\bar{S}H_2+8H=C_3A\cdot3C\bar{S}\cdot H_{32}+CH$	-86.51
$C_3A\cdot3C\bar{S}\cdot H_{32}+2C_4AH_{19}=3C_3A\cdot C\bar{S}\cdot H_{12}+2CH+32H$	-254.36
$3CH+A+3C\bar{S}H_2+23H=C_3A\cdot3C\bar{S}\cdot H_{32}$	-263.75
$C_3A\cdot3C\bar{S}\cdot H_{32}+2C_3A+4H=3C_3A\cdot C\bar{S}\cdot H_{12}$	-1048.13

加入石膏后，活性 Al_2O_3 和 Ca（OH）$_2$ 的反应自由焓变更大，因此反应的速度得以加快，研究表明在加入磷石膏后二灰类基层材料 3d 即可形成相当于未加试验的 7d 强度[61-62]，石膏对火山灰反应的激发作用非常明显。虽然石膏对熟料矿物中的硅酸盐相的反应热力学没有明显的影响，但对工业固体废弃物的反应速度有一定的提高作用，这和铝相反应溶出后剩下的硅酸盐相有更多新鲜的反应面有关。

综上所述，根据工业固体废弃物的化学组成和介稳态特征，可将其分为石灰类、石膏类、火山灰类、潜在水硬类、水硬类和惰性及有害类6种。根据不同固体废弃物以及固体废弃物与人造胶凝材料（水泥熟料、石灰、石膏）之间的有效组配形式，将工业固体废弃物胶凝材料分为石灰系、石膏系、石灰火山灰系、水硬系、石膏水硬系以及石灰火山灰石膏系。对各工业固体废弃物胶凝材料体系的热力学常数进行收集和整理，计算各反应的热力学参数，对各反应式的反应活性和产物的稳定与转化进行了分析。这些化学反应对固结体的强度形成具有不同的贡献，自由焓变大的反应容易发生，但和化学反应的速度之间没有必然联系。应该说明的是，本章的热力学探讨只是为固体废弃物综合利用特别是在胶凝固结方面的利用提供了思路，这些固结体系可以部分或全部替代石灰、水泥等胶凝材料在 ISW-RBM 中的作用，合理利用其固有的胶凝固结特性可降低路面基层的原材料成本。

4 石灰-粉煤灰-磷石膏(L-FA-PG)路面基层材料的研究

在各地推广应用过程中，二灰类基层凸显出如下几种缺点：早期强度低、早期水稳性差、抗冲刷性能差、表面易起灰、层间连接薄弱等，这些缺点大大降低了路面基层乃至路面的使用性能[26,110,111]，而这些都与其结合料——石灰-粉煤灰的早期胶凝性不良有关。二灰类基层材料的强度形成依赖于石灰与粉煤灰中活性 SiO_2 和 Al_2O_3 缓慢的火山灰质反应形成的 C-S-H 凝胶和水化铝酸钙等的胶凝作用[112-113]。因此，如何增强石灰粉煤灰的早期胶凝性是解决问题的关键，而问题的实质在于如何提高粉煤灰的早期反应速度——粉煤灰的活化[114-115]。磷石膏是湿法生产磷酸的副产品，磷石膏中 $CaSO_4 \cdot 2H_2O$ 的含量都在 90% 以上，将磷石膏加入二灰，可起到“硫酸盐激发”作用[116]，提高粉煤灰的火山灰质反应活性，从而提高早期水化物数量；另外，磷石膏中的主要成分 $CaSO_4 \cdot 2H_2O$ 能参与石灰和粉煤灰之间的反应[117]，改善水化物的组成和材料的微观结构[118]，可大幅度提高二灰的胶凝性能[119-120]。美国路易斯安纳州立大学的 Kelly A. Rusch[121] 做了大量关于采用煅烧（700℃）磷石膏制备石灰-磷石膏-粉煤灰结合料的研究，利用石膏自身的凝结作用提供早期强度，利用石灰、磷石膏和粉煤灰之间的火山灰质反应提供后期强度[122-126]。20 世纪 90 年代中期，西安公路学院[61] 以及上海市政设计研究院[62] 开始利用原状磷石膏掺入二灰中制备路面基层材料，并取得一定的成果，进而一些地方进行了工程应用研究。本章将对石灰-粉煤灰-磷石膏（L-FA-PG）类材料的配合比优化，对其性能以及强度形成机理进行深入的研究，为其推广应用提供技术支撑。

4.1 消石灰-粉煤灰-磷石膏(SL-FA-PG)系胶凝材料的研究

4.1.1 SL-FA-PG 系胶凝材料的配合比优化

在 SL-FA-PG 系胶凝材料中，石灰的激发促进了火山灰质反应并提供了主要胶凝相 C-S-H，同时起到调整系统碱度的作用；粉煤灰是活性

SiO_2和Al_2O_3的提供者；石膏起到硫酸盐激发作用，并参与三硫型水化硫铝酸钙的形成反应。三者之间只有合理配合才能达到最佳的性能[124-126]。以无侧限抗压强度作为指标对 SL-FA-PG 系胶凝材料的配合比进行了优化，实验用襄樊热电厂的粉煤灰、襄樊丽明化工厂磷石膏、襄樊消石灰配成 SL-FA-PG 系胶凝材料混合料。SL-FA-PG 的 7d 和 28d 强度如图 4-1、图 4-2 所示。

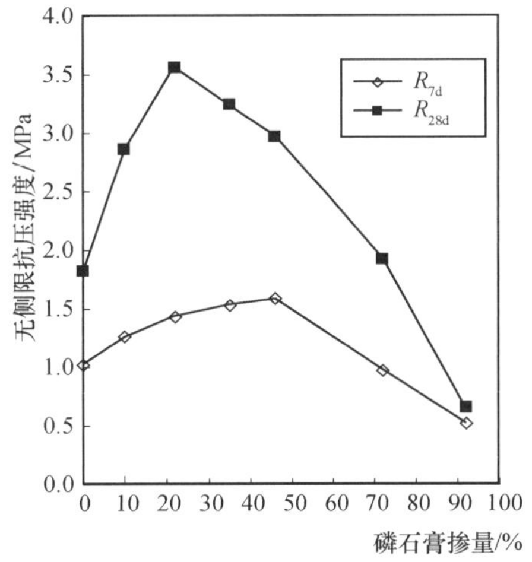

图 4-1　磷石膏掺量对 SL-FA-PG 强度

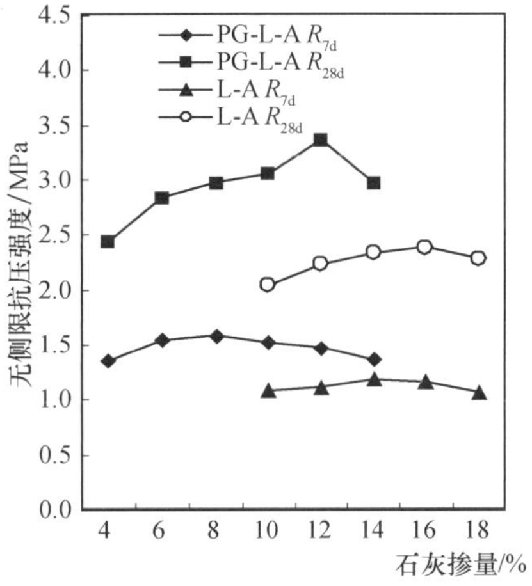

图 4-2　石灰掺量对 SL-FA-PG 强度

在石灰掺量为 8% 的 SL-FA-PG 系胶凝材料中，当磷石膏：粉煤灰为 1：1 时，与相同石灰掺量的二灰相比，其 7d 强度提高 53%，28d 强度提高 55%；而当磷石膏：粉煤灰为 1：3 时，28d 强度比二灰高出 96%；当磷石膏：粉煤灰为 3：1 时，磷石膏的增强效果变得不明显，磷石膏掺量的进一步增加还会降低 SL-FA-PG 的强度。在磷石膏和粉煤灰 1：1 的 SL-FA-PG 系胶凝材料中，当石灰掺量在 6%～10% 时，石灰掺量对 SL-FA-PG 系胶凝材料的强度的影响不大；当石灰掺量超过 10% 时，其 7d 强度小幅下降，但 28d 强度稍有增长。综合以上结果，SL-FA-PG 系胶凝材料配比范围确定为：石灰掺量 8%～10%、磷石膏：粉煤灰 = 1：1～1：3 较为合理。二灰的最佳配比则为石灰：粉煤灰 = 16：84，因此，使用 SL-FA-PG 替代二灰类材料可以节省石灰用量 30%～60%。

4.1.2　粉煤灰品质对 SL-FA-PG 系胶凝材料的影响

粉煤灰是活性 SiO_2和活性 Al_2O_3的提供者，其火山灰活性很大程度上决定了 SL-FA-PG 的强度和强度形成速度。粉煤灰的火山灰活性与其细度[126]、表面结构[127-128]、化学矿物组成有关[127]。路面基层规范关于对粉煤灰的细度、烧失量、化学组成的要求做了明确规定，其中细度对粉煤灰活性的影响较大，规范要求粉煤灰中≤0.075mm 的颗粒含量不低于 70%。采用荆门干沟消石灰、荆门洋丰磷石膏与不同的粉煤灰配制成 SL-FA-PG 系胶凝材料，图 4-3 对比了不同种类和细度的粉煤灰对 SL-FA-PG 系胶凝材料的 7d 强度的影响。

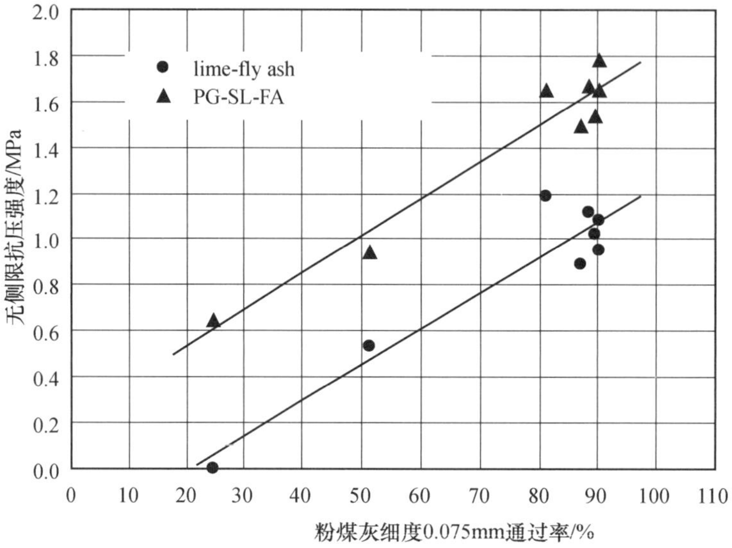

图 4-3 粉煤灰的种类和细度对 SL-FA-PG 强度的影响

粉煤灰细度对 SL-FA-PG 系胶凝材料的强度影响非常明显。粉煤灰细度越细，不论二灰还是 SL-FA-PG 系胶凝材料的强度越高。SL-FA-PG 系胶凝材料比相应的二灰的强度都有较大幅度的提高，当粉煤灰 0.075mm 标准筛通过率大于 70% 时，二灰的 7d 强度均值大于 0.8MPa，SL-FA-PG 系胶凝材料的强度平均值则可以大于 1.2MPa。当粉煤灰中 0.075mm 通过率小于 50% 后，石灰稳定粉煤灰不足以在 7d 内形成可察觉的强度，在浸水时发生溃散，但 SL-FA-PG 仍会有一定的强度形成。当粉煤灰 0.075mm 通过率大于 50%、小于 70% 时，石灰粉煤灰的强度低，保证值远小于 0.8MPa，但 SL-FA-PG 的强度保证值可以达到 0.8MPa。因此，用 SL-FA-PG 系胶凝材料后，粉煤灰的细度标准可以适当放宽到 0.075mm 标准筛通过率大于 50%。

4.1.3 磷石膏品质对 SL-FA-PG 系胶凝材料强度的影响

不同厂家排放的磷石膏有效成分 $CaSO_4 \cdot 2H_2O$ 含量相差不大，大都在 90% 以上，但细度存在显著差异。胶凝材料中各组分的细度对其性能的影响非常大[128]。为了对比不同磷石膏对 SL-FA-PG 强度的影响，确定 SL-FA-PG 系胶凝材料中磷石膏的技术性能要求，本节采用贵阳粉煤灰、荆门粉煤灰、荆门干沟石灰和几种不同细度的磷石膏进行了试验，其结果见图4-4。

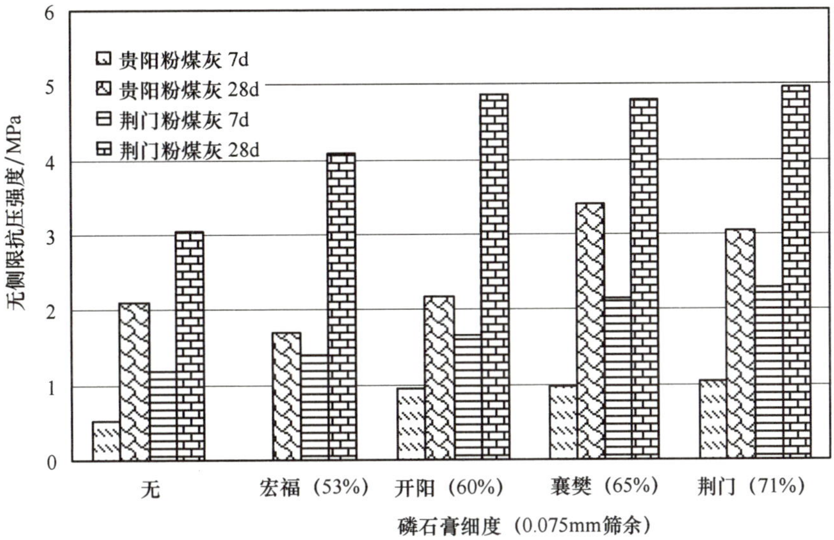

图4-4　磷石膏细度对L-GP-FA强度的影响

宏福、开阳、荆门三种磷石膏均对用青山粉煤灰与石灰配制的混合料的7d、28d强度有明显增强作用。三种磷石膏0.075mm通过率分别为53%、60%、71.0%，对二灰的强度增进率分别为17.6%、38.6%、93.2%，表明磷石膏细度越细，对二灰的改性增强作用越显著。L-FA-PG的强度普遍比二灰的强度有明显提高，但对于活性较差的贵阳粉煤灰而言，其二灰7d强度为0.44MPa，当加入比较粗的宏福磷石膏制成SL-FA-PG后不仅没有增强，反而浸水溃散，是因为粗的磷石膏取代粉煤灰，减少了SL-FA-PG系胶凝材料中的活性SiO_2和活性Al_2O_3的数量，不利于强度的形成。当粉煤灰或磷石膏细度较粗时，要酌减磷石膏的用量。

4.2 生石灰-粉煤灰-磷石膏（QL-FA-PG）系胶凝材料的研究

4.2.1 磷石膏改性生石灰的研制

石灰是火山灰质反应的碱性激发剂，石灰的活性是影响SL-FA-PG强度的主要因素之一，而石灰的活性取决于石灰的化学成分、矿物组成、热力学状态、细度、分散程度、颗粒形貌等。在二灰类路面基层材料的修筑中通常将烧制的块状生石灰加水进行消解后，再筛分制备消石灰粉使用，往往会因为石灰的不充分消解，残留的小块状生石灰的不均匀膨胀使基层中出现“蘑菇泡”，严重影响基层的整体性和强度。另外，在石灰消解、筛分、进仓过程不可避免地产生扬尘，对施工人员及附近人畜、农作物造成危害，污染周围环境。采用磨细生石灰粉能解决上述问题，但该工艺的主要问题是能耗高、成本高[26]。

在二灰拌和过程中添加少量碱和碱金属盐[26,28]（如 NaOH、Na_2SiO_3、Na_2SO_4、Na_2CO_3等）是一类很有效的早强技术，但在工程施工中，添加剂的掺入使工艺变得略显复杂，要使少量添加剂均匀分布在混合料中也非常困难。基于上述问题，以磷石膏为主要助剂，添加少量辅剂，对生石灰粉进行改性。改性生石灰粉的制备工艺：先将磷石膏与生石灰块混合堆存，再加入磨机内进行粉磨制备成粉状生石灰，在堆存过程中生石灰可以吸收水分发生膨胀而部分粉化，这可降低生石灰块的粉磨能耗、提高粉磨效率，而且能保证磷石膏和外加剂与生石灰粉均匀混合，使生石灰和磷石膏的活性得以充分发挥。利用这种改性生石灰粉可以制备性能更好的生石灰-粉煤灰-磷石膏胶凝材料（QL-FA-PG）。改性生石灰粉的应用也改善了路面基层的施工环境。

4.2.2 QL-FA-PG 系胶凝材料的制备

为研究不同生石灰对 L-FA-PG 强度的影响，采用实验室制备的改性生石灰粉生石灰Ⅰ、市售生石灰粉（精石灰粉）生石灰Ⅱ、取自工地（有部分消解）的生石灰Ⅲ和襄樊火电厂干排灰、丽明化工厂磷石膏制备成 3 种不同的 QL-FA-PG 系胶凝材料和二灰类材料。图 4-5 所示是其强度的对比。

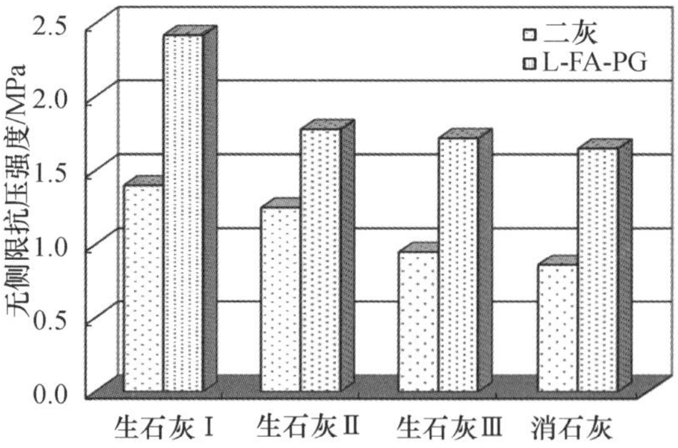

图 4-5　生石灰种类对二灰及 QL-FA-PG 强度的影响

用生石灰替代消石灰后，二灰和 QL-FA-PG 系胶凝材料的强度都有较明显的提高，改性生石灰的增强效果最好，其中改性生石灰对二灰的 7d 强度提高幅度约 55%，对 QL-FA-PG 系胶凝材料的早强提高幅度也大约在47%。而生石灰Ⅱ对强度的提高幅度为10%左右。因为生石灰的分散性好，容易和粉煤灰充分接触，而且消解生成的新生态$Ca(OH)_2$具有较高的表面能，反应活性更好[34]，有利于反应的进行和强度的形成，即使用有效钙低于消石灰的工地生石灰Ⅲ制备的QL-FA-PG的强度也较SL-FA-PG有5%左右的提高。

4.2.3　磷石膏掺量对QL-FA-PG系胶凝材料强度的影响

在改性生石灰粉Ⅰ的掺量为8%条件下，调整粉煤灰和磷石膏的比例，对比不同比例磷石膏和粉煤灰的QL-FA-PG系胶凝材料的强度。试验采用磷石膏改性生石灰粉、襄樊火电厂的Ⅰ级粉煤灰、丽明化工厂磷石膏。试验结果如图4-6所示。

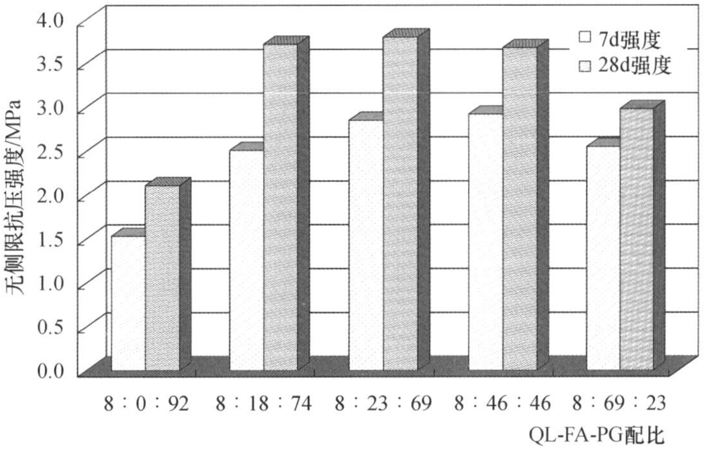

图4-6　磷石膏掺量对QL-FA-PG系胶凝材料强度的影响

当磷石膏与粉煤灰配比为1：1时，QL-FA-PG的7d强度较高。从QL-FA-PG的28d强度来看，则当配比为磷石膏：粉煤灰=1：3时强度最高。磷石膏掺量过高后，强度的增强作用变得不够明显，这是因为磷石膏加入后，活性硅铝成分在整个基层材料中含量变少，胶凝作用因之减弱，不利于强度的提高。磷石膏对QL-FA-PG强度的影响规律和磷石膏对SL-FA-PG的影响规律基本一致。

4.2.4　生石灰掺量对QL-FA-PG系胶凝材料强度的影响

本节对磷石膏与粉煤灰的比例为1：1的QL-FA-PG中改性生石灰的掺量对QL-FA-PG强度的影响进行研究。试验采用襄樊热电厂粉煤灰、襄樊丽明化工厂磷石膏。图4-7所示是改性生石灰的掺量对QL-FA-PG系胶凝材料强度的影响。

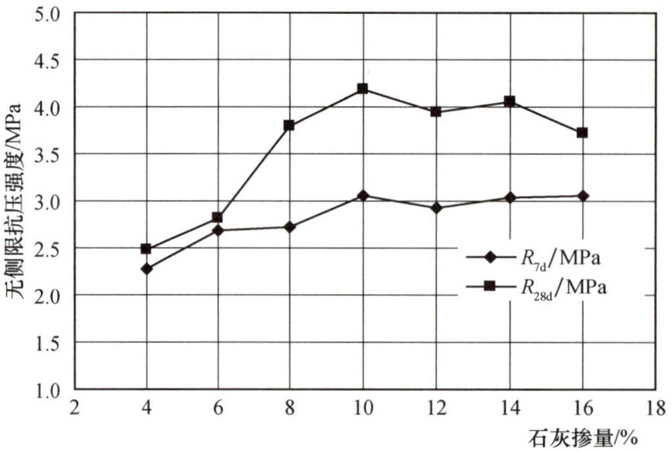

图 4-7 石灰掺量与 QL-FA-PG 系胶凝材料强度的关系

在改性生石灰制备的 QL-FA-PG 系胶凝材料中，在石灰掺量为 10% 时，7d、28d 强度最高。改性生石灰掺量进一步增加对 7d 强度的影响不明显，而且 28d 强度还有明显降低，因此改性生石灰的最佳掺量为 10% 。

4.3 L-FA-PG 系胶凝材料的性能

4.3.1 强度递延规律

石灰-粉煤灰强度形成的反应是一种典型的火山灰质反应，早期反应慢，反应持续时间长，因此强度增长缓慢，后期的强度递延非常稳定。磷石膏的加入改变了石灰与粉煤灰之间的水化进程。图 4-8 对比了不同石灰掺量的 QL-FA-PG 系胶凝材料和二灰的强度递延规律。本试验采用改性生石灰、襄樊热电厂粉煤灰、襄樊丽明化工厂磷石膏。

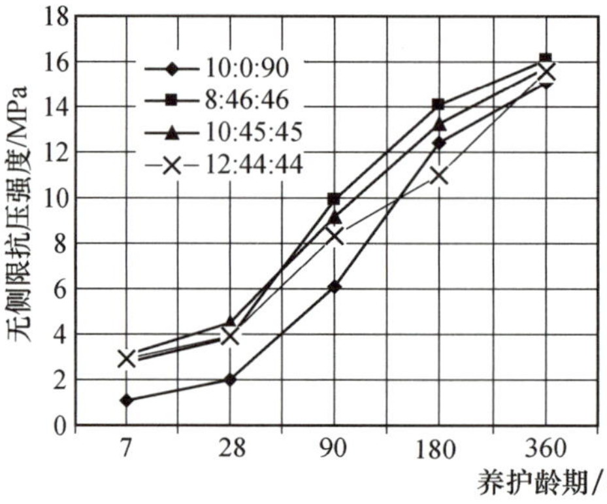

图 4-8 养护龄期对 QL-FA-PG 系胶凝材料强度的影响

尽管生石灰粉的掺量对早期强度的影响非常明显，但对后期的影响不大，在 3 个月之前 QL-FA-PG 系胶凝材料的强度比二灰都有大幅度提高，但二灰后期强度增长较快，6 个月后二者强度开始接近，到一年以后二者强度基本一致。可以看出 QL-FA-PG 系胶凝材料和二灰都有很高的绝对强度，而且前者的后期强度略高。磷石膏不仅对早期强度的提高作用十分显著，而且保持了二灰强度递延稳定的特点。

为探讨 QL-FA-PG 系胶凝材料替代传统的稳定细粒土类基层材料（石灰土、水泥土以及水泥石灰土、石灰粉煤灰、石灰粉煤灰土）做路面基层底基层使用的可行性[34]，本节对比了 QL-FA-PG 系胶凝材料与传统的几种细粒土基层材料的强度递延规律，试验结果如图 4-9 所示。

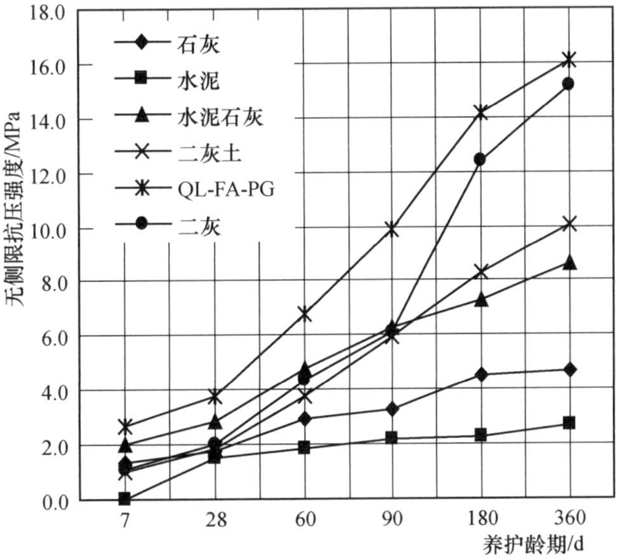

图 4-9　几种基层材料强度的强度递延规律

QL-FA-PG 系胶凝材料的早期强度高，7d 强度可达到 2. 72MPa，比二灰的 28d 强度还高；且随龄期的延长，其强度增长显著，一年后的强度达到 16MPa。二灰的 7d 强度仅 1. 08MPa，但后期强度增长率高，一年后其强度达 15MPa，仍比 QL-FA-PG 系胶凝材料略低，石灰、水泥土的各龄期强度均远低于 QL-FA-PG。水泥石灰综合稳定土的早期、后期强度均较高，但与 QL-FA-PG 系胶凝材料相比，不仅 7d 强度低 25%，而且一年后的强度低 7MPa。这表明 QL-FA-PG 系胶凝材料完全可以取代石灰、水泥石灰稳定土作为路面基层底基层使用，其较高的早期强度保证了良好的施工和养护效率[29]，持续的强度增长保证了其良好的使用性和耐久性[104]。

4.3.2 SL-FA-PG 系胶凝材料的水稳性

水稳性是指材料经水浸泡一定的时间后，强度和整体性保持的程度，水稳性好的基层材料，泡水后强度损失小，在不同的天气和季节条件下路用性能稳定。图 4-10、图 4-11 比较了 SL-FA-PG 系胶凝材料与二灰在不同养护条件下的强度变化。试验采用襄樊消石灰、丽明化工厂磷石膏和襄樊热电厂粉煤灰。

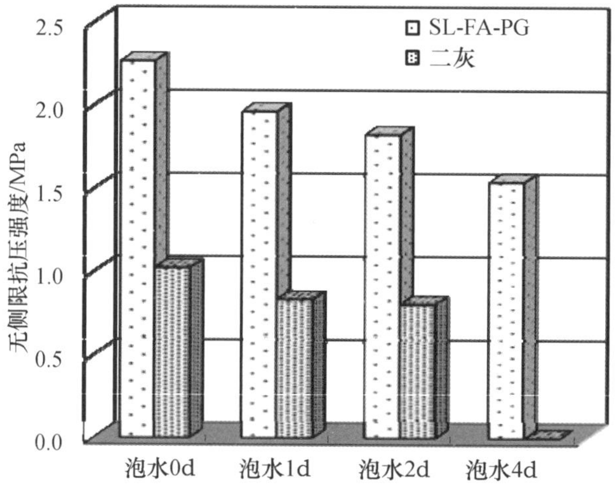

图 4-10　养护方式对 7d 强度的影响

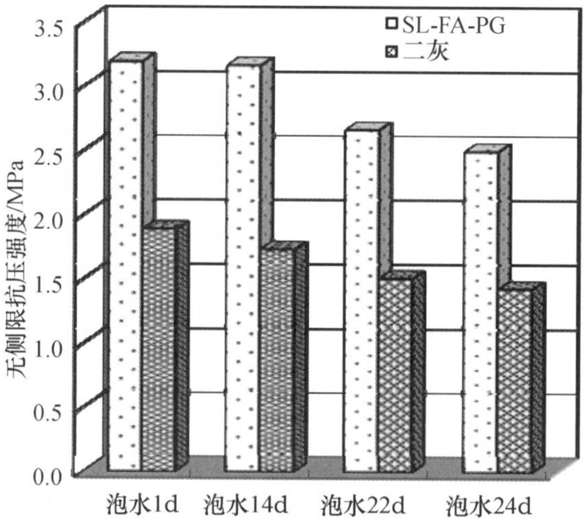

图 4-11　养护方式对 28d 强度的影响

二灰和 SL-FA-PG 系胶凝材料浸水后，强度均有不同程度的降低，且随着泡水时间的提前和泡水时间的延长，强度降幅增大。SL-FA-PG 的强度降低率比二灰类材料要小得多，当试件保温保湿养护 3d 后泡水，二灰试件溃散，而 SL-FA-PG 系胶凝材料仍可保持 1.54MPa。这充分说明磷石膏加速了二灰的火山灰质反应，使 SL-FA-PG 胶凝性增强，水稳性和二灰相比有了显著改善。

4.3.3 SL-FA-PG 系胶凝材料的抗冲刷性研究

大量的调查研究表明[16,30]：路面因基层材料被渗透水冲刷而产生唧泥是普遍存在的问题，随着交通量和汽车轴载的增加，这种破坏现象呈现加剧的趋势。国内外的道路研究者近几年对道路材料的抗冲刷性能的研究产生了极大兴趣。抗冲刷性与半刚性基层材料的组成结构有关，表 4-1 所示是采用澳大利亚的试验方法[29]对水泥稳定碎石、二灰、SL-FA-PG 系胶凝材料和水泥稳定粒料的抗冲刷性能的测试结果。试验用石灰为襄樊消石灰，磷石膏为丽明化工厂磷石膏，粉煤灰为襄樊热电厂粉煤灰。

表 4-1　几种路面基层的抗冲刷性对比

序号	配　比	最高干密度	最佳含水率	压实	冲刷量/（$g \cdot min^{-1}$）	
	石灰：磷石膏：粉煤灰	/（$g \cdot cm^{-3}$）	/%	度/%	浸泡 2h	浸泡 24h
E－1	6：47：47	1.26	22.0	96	7.18	13.17
E－8	8：0：92	1.10	25.0	96	57.98	152.3
SWG	4.5：100（水泥：集料）	2.17	3.7	98	15.83	15.0

SL-FA-PG 系胶凝材料和相同类型的二灰材料相比，浸水 2h 和 24h 后的冲刷失重只有二灰的 1/12 和 1/8，抗冲刷性能大幅度提高。SL-FA-PG 系胶凝材料的冲刷损失量也小于水泥稳定粒料。随着泡水时间的延长，水泥稳定粒料基层的抗冲刷性基本没变，但二灰类和 SL-FA-PG 系胶凝材料类的冲刷量随泡水时间的延长而增加。这说明二灰和 SL-FA-PG 材料在受水长期浸泡后，材料会有不同程度的软化[130-131]，抗冲刷能力会大幅度降低，在实际施工过程中应避免 SL-FA-PG 遭受长期浸泡。

4.3.4 SL-FA-PG 系胶凝材料的力学参数

SL-FA-PG 系胶凝材料由粉状工业固体废弃物组成，类似稳定细粒土类路面基层材料。为了探讨 SL-FA-PG 在路面基层材料中应用的可行性，将 SL-FA-PG 和常用的几种稳定细粒土类的路面基层材料（石灰土、二灰土）的力学性能进行了对比，其 180d 的劈裂强度和回弹模量见表 4-2。试验参照《公路工程无机结合料稳定材料试验规程》（JTG E51—2009）进行。

表 4-2 路面基层材料的力学参数

基层材料种类	石灰种类	配比	劈裂抗拉强度/MPa		回弹模量/MPa	
		石灰：磷石膏：粉煤灰：土	实测值	设计值	实测值	设计值
石灰土	消石灰	10：0：0：90	0.42	0.2～0.25	1142	400～700
二灰土	消石灰	8：0：12：80	0.62	0.4～0.6	1236	600～900
二灰	消石灰	10：0：90：0	0.64	0.4～0.6	1279	600～900
SL-FA-PG	消石灰	8：46：46：0	0.72	—	1321	—

从表 4-2 的试验数据可以看出：SL-FA-PG 系胶凝材料的劈裂抗拉强度和回弹模量均高于二灰、二灰土和石灰土的，可以代替细粒土类路面基层材料用于低等级路面基层和一般路面的底基层的铺筑。在设计 SL-FA-PG 系胶凝材料基层结构时，其力学参数可以参照二灰土选取[52-53]，也可以适当提高。

4.4 L-FA-PG-A 的配合比研究

4.4.1 L-FA-PG-A 的集结比研究

L-FA-PG-A 是一种复杂的固液气三相体系。粒料中的粗颗粒在材料中起到骨架作用，粒料中的细颗粒和结合料即 L-FA-PG 在基层材料中起到填充和胶结作用。L-FA-PG-A 和所有其他混合料一样，随着结合料和粒料的比例的降低，呈现出悬浮式、骨架式和密实式等三种结构形式[17]。半刚性基层材料的强度来源于结合料的胶结作用和集料的嵌挤作用的共同发挥，一方面集料必须充分靠拢搭接而嵌挤密实，另一方面集料空隙应被结合料充分填充。这样方可得到强度高，收缩系数小，动稳定性、抗裂性、耐久性都好的半刚性基层[132-134]。集料太多，结合料难以填满空隙，不能成为整体性的半刚性基层，强度也差；集料太少，则收缩系数大、抗裂性差，动稳定性、耐久性也会下降，密实式的结构是最为合理的结构形式[26,29,34]。本节通过对不同级配形式的集料在处于不同填充状态时对混合料强度影响的研究，来优化 L-FA-PG-A 的集料级配类型和 L-FA-PG-A 的结构形式。试验选取分成三级的辉绿岩碎石，将级配调整到二灰稳定碎石规范级配的上限（偏细级配）、下限（偏粗级配）、级配中值、开级配四种级配形式。用来对比集料级配对 L-FA-PG-A 的强度的影响。

关于怎样判断稳定材料是否为密实结构，在密实结构中集料应达到什么样的填充状况，目前学术界有两种看法：一种认为集料应该是达到松堆状态；另一种认为是振实状态[26,29]。为得出科学的结论，本文设计了如下试验：分别以松堆密度和振实密度计算集料和结合料的比例，假定以松堆密度计算的结合料-集料比配制的混合料为密实结构；以振实密度计算的集料-结合料比为骨架结构；以松堆计算的集料-结合料比减去8%配制的混合料为悬浮结构。对四种级配形式的集料制备的稳定粒料进行击实和无侧限抗压强度实验。其配比设计过程如下：

（1）用容积升测量出所采用的集料的松堆干密度 ρ_c（g/cm^3）、振实密度，测定各种集料的表观密度 ρ_0（g/cm^3）、吸水率 W_1、W_2、W_3、W_i。

（2）求得该集料各组成的颗粒相对密度 Δ_i，并按下式算得其平均相对密度 $\bar{\rho}$：

$$\bar{\rho} = \sum_{i=1}^{n} \rho_i \cdot A_i$$

式中　ρ_i——集料组成中各档集料的表观密度；

A_i——不同粒级的集料百分比。

本范例中的集料分三个粒级：

A_1：组成中的1号集料（31.5～19mm）的表观密度3.05g/cm^3；

A_2：组成中的2号集料（19～4.75mm）的表观密度3.05g/cm^3；

A_3：组成中的3号集料（≤4.75mm）的表观密度2.97g/cm^3；

ρ_1、ρ_2、ρ_3——粗集料、细集料和粉料的颗粒相对密度。

（3）求得集料在半刚性材料中所占的体积比 V：

$$V = \frac{\rho_c}{\bar{\rho}}$$

则，一个实方体中的空隙比 $V_1 = 1 - V$。

式中　ρ_c——集料的松堆密度。

（4）采用重型击实试验得L-FA-PG的最大相对干密度 $\rho_{\max 1} = 1.451$；最佳含水率 $W_{opt1} = 24\%$。

可以认为材料中具有此最大相对干密度的结合料填满集料的空隙中，则一实方体中结合料的质量为 $\rho_{\max}(1 - V)$。

（5）计算结合料与集料的质量比：

$$结合料：集料 = \rho_{\max 1}(1 - V):\rho_c$$

L-FA-PA-（A）的集料-结合料比的计算见表4-3。

表4-3　L-FA-PA-（A）的集料-结合料比的计算

集料级配类型	松装相对密度	振实相对密度	松装填充率	振实填充率	松堆密度计算集结比		振实密度计算集结比	
					集料	结合料	集料	结合料
偏粗级配	1.849	2.199	0.613	0.729	0.767	0.233	0.848	0.152
偏细级配	1.890	2.263	0.629	0.753	0.778	0.222	0.863	0.137
级配中值	1.919	2.301	0.641	0.768	0.786	0.214	0.873	0.127
开级配	1.514	1.814	0.496	0.595	0.675	0.325	0.755	0.245

以松堆密度为基准，调整结合料与集料之间的比例，以混合料中集料的堆积形式的不同，设计出骨架结构、密实结构和悬浮结构三种混合料。四种级配形式的集料的三种结构形式的稳定体的7d、28d强度如图4-12所示。

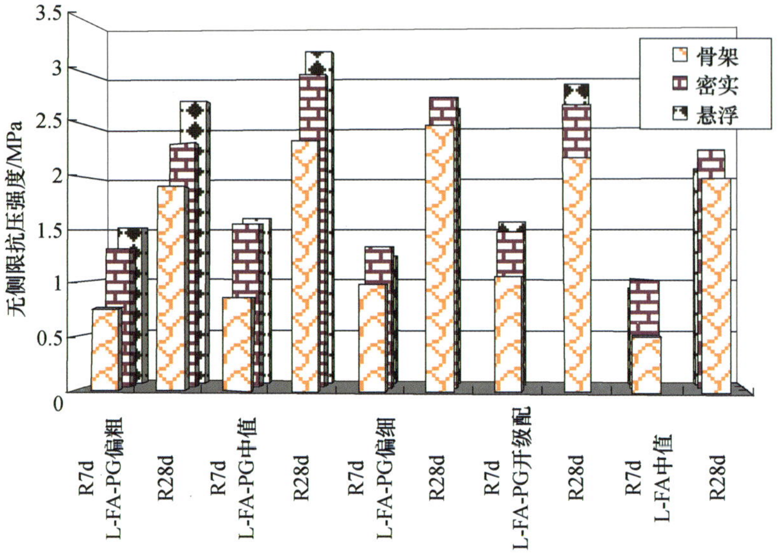

图4-12　不同级配和结构的基层材料的强度

L-FA-PG稳定级配中值集料的强度较高，因为级配中值集料既能保证集料的有效嵌挤，又能保证细颗粒的充分填充，对稳定粒料的强度形成有利。悬浮式的L-FA-PG-A的强度比密实式的高，但在悬浮结构中集料不能有效嵌锁。大量研究证明，悬浮式的基层材料虽然强度上没有问题，但是其抗裂性、动稳性较差[16-18]。骨架结构的二灰以及L-FA-PG-A的强度都低，这是因为在骨架式结构中虽然集料的骨架效应比较强，但其中的混合料的胶结作用比较弱（集料的堆积会影响结合料的密实）。而结合料的胶结作用在基层材料的强度形成中起到主要作用。可以看出用振实密度计算的集料-结合料比太大。因此，用松堆密度计算的集结比最为合适。通常集料含量在75% ~80%范围比较合理，既能保证较高的强度，又能保证较好的路用性能。

4.4.2　石灰合理掺量的研究

混合料中的石灰要能为火山灰质反应提供足够的钙源和碱性环境，但石灰过多也会影响火山灰质反应产物的胶凝强度。为优化石灰的合理掺量，设计了如下试验：取破碎砂砾，分别用不同掺量石灰的二灰与L-FA-PG系胶凝材料进行稳定，其中密实型的灰集比为23∶77，悬浮型的灰集比为 40：60；粉煤灰：磷石膏为 1：1。试验用石灰为襄樊消石灰，粉煤灰为襄樊热电厂粉煤灰，集料取自襄樊汉江。图 4-13 所示是不同石灰掺量对 L-FA-PG-A 强度影响的试验结果。结果表明：L-FA-PG-A 的最佳石灰剂量为 7%。5% ~7% 变化时，强度提高较小，可以认为其最佳石灰掺量范围为 5% ~7%，石灰剂量的进一步增加，使强度有较明显降低，不可盲目提高石灰剂量。二灰的最佳石灰剂量为 9%。从 7% ~9% 变化时，强度提高较明显，进一步提高石灰剂量，强度的降低不明显。因此，其石灰剂量最佳范围可以取值为 7% ~9%，适当增加石灰剂量，对强度的不良影响不大。L-FA-PG-A 较二灰稳定粒料不仅可以大幅度提高其强度，还可明显节约石灰用量。

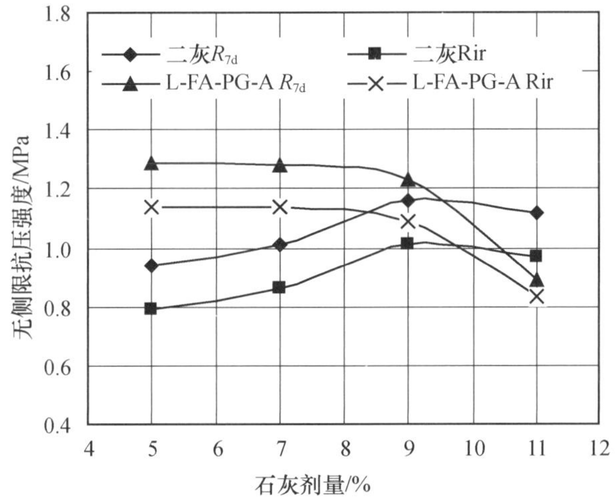

(a)

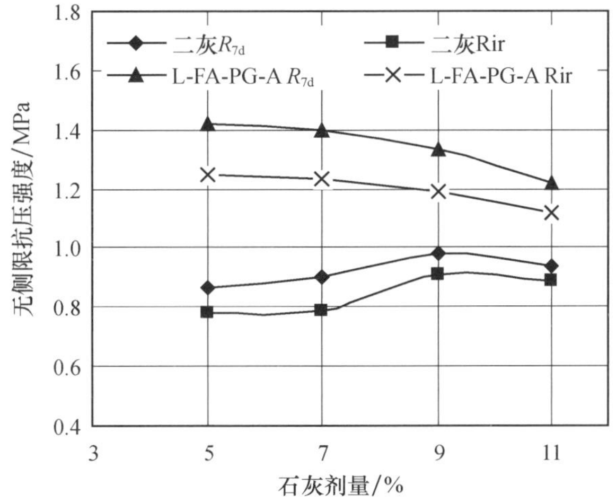

(b)

图 4-13　石灰剂量对稳定粒料强度的影响

（a）石灰剂量对密实式 L-FA-PG-A 强度的影响；（b）石灰剂量对悬浮式 L-FA-PG-A 强度的影响

4.4.3 磷石膏合理掺量的研究

为了详细研究 L-FA-PG-A 强度的影响规律，设计了如下试验：在处于级配中值集料，用不同掺量磷石膏取代二灰粒料中的粉煤灰配制不同比例的 L-FA-PG-A，石灰掺量为 6%，磷石膏粉煤灰总量为 17%。不同磷石膏掺量的 L-FA-PG-A 的无侧限抗压强度试验结果如图 4-14 所示。

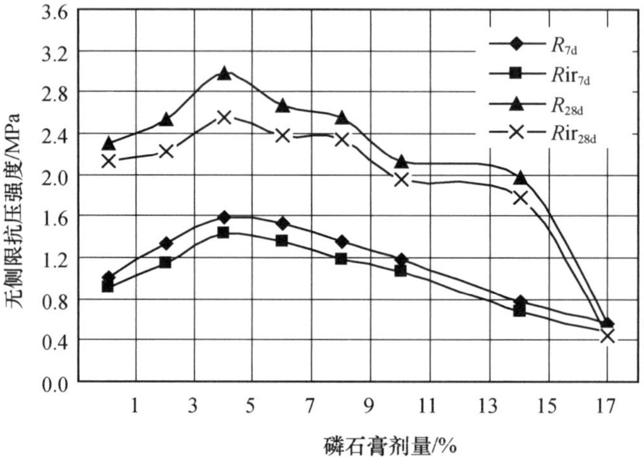

图 4-14　磷石膏掺量与 L-FA-PG-A 强度之间的关系

试验结果表明：加入 2% 的磷石膏即对 L-FA-PG-A 有明显的增强作用，磷石膏的最佳掺量为 4%。当磷石膏掺量达到 10% 后，基本失去增强作用。粉煤灰为 L-FA-PG-A 的强度形成提供活性 Al_2O_3 和 SiO_2，因此，粉煤灰在 L-FA-PG-A 中的用量必须保持在一定的范围内，在粉煤灰用量不低于 10% 时，在强度上与普通二灰相比有明显的提高。当 L-FA-PG-A 中完全没有粉煤灰时，仍然能具有一定的强度，其强度源于生石灰与磷石膏的胶结，这种强度随龄期的延长而降低。

4.4.4 混合料的最大干密度和最佳含水率的计算

根据 L-FA-PG-A 的最大干密度和最佳含水率以及集料的表观密度和需水特性，计算 L-FA-PG-A 的最大干密度和最佳含水率。混合料的最高干密度 $\rho_{\max0}$（g/cm^3）和最佳含水率 W_{opto}（%）可由如下公式计算：

最大干密度：

$$\rho_{\max0} = \rho_{\max1}(1 - V) + \rho_c$$

最佳含水率：

$$W_{\text{opto}} = \frac{\rho_c}{\rho_o}(A_1W_1 + A_2W_2 + A_3W_3 + \cdots + A_iW_i) + \frac{\rho_1(1 - V)}{\rho_o} \times W_{\text{opt1}}$$

将几种混合料的最大干密度和最佳含水率的计算结果，和实验室实测的最大干密度进行对比，对比结果见表4-4。

表4-4 L-FA-PG-A的最大干密度和最佳含水率的计算

级配类型	集料级配/%			吸水率/%			集料		结合料		参数计算		参数实测	
	粗	中	细	粗	中	细	视密度	松装填充率	干密度	含水率	干密度	含水率	干密度	含水率
偏粗	20	50	30	1.1	1.4	3.5	3.017	0.613	1.451	24	2.411	7.1	2.413	7.7
中值	10	50	40	1.1	1.4	3.5	3.006	0.629	1.451	24	2.429	7.0	2.428	7.8
偏细	2	48	50	1.1	1.4	3.5	2.995	0.641	1.451	24	2.440	7.1	2.439	7.6
断	30	70	0	1.1	1.4	3.5	3.050	0.496	1.451	24	2.245	8.7	2.244	8.9

从表4-4的结果可以看出：计算得出的干密度和实测值比较接近，几乎可以精确到小数点后的第二位有效数字，完全可以达到生产控制的精度要求。虽然计算得出的最佳含水率比实测值略小，但仍对生产控制有指导意义。

4.5 L-FA-PG-A的性能

4.5.1 L-FA-PG-A的强度递延规律

基层材料在服役过程中强度的维持和递延是基层路用性能的重要方面。L-FA-PG-A的早期强度和二灰稳定粒料相比有了大幅度的提高，其后期强度的发展也是一个值得关注的问题。图4-15所示是L-FA-PG-A和目前广泛采用的二灰稳定粒料、水泥稳定粒料强度递延规律的对比。

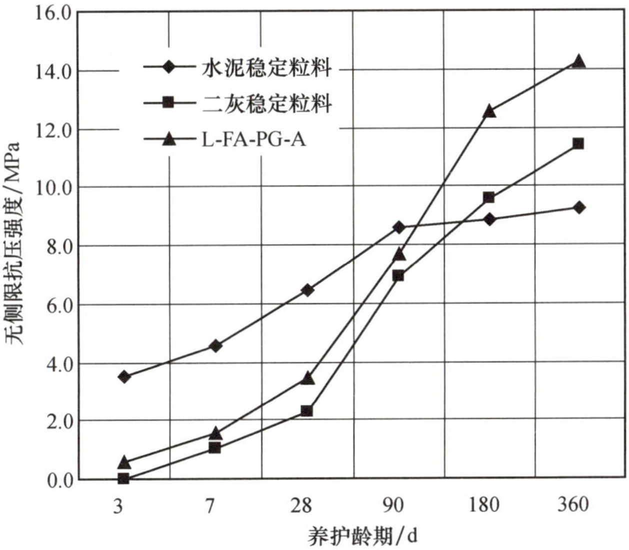

图4-15 养护龄期对水泥稳定粒料、二灰稳定粒料和PG-L-FA-A的强度发展规律的对比

从以上的试验可以看出：二灰稳定粒料 3d 不能形成足够的强度，而 L-FA-PG-A 在 3d 就可以形成一定的强度，弥补了二灰类基层材料早期强度过低的缺陷。尽管水泥稳定粒料的早期强度较高，在 90d 前水泥稳定粒料路面基层的强度高于 L-FA-PG-A 以及二灰稳定粒料的强度，但 90d 后水泥稳定粒料的强度的增长较小，二灰及 L-FA-PG-A 的后期强度都能超过水泥稳定粒料的强度。三种基层材料中 L-FA-PG-A 具有最高的后期强度，L-FA-PG-A 不仅在早期强度明显高于二灰粒料的强度，保证了早期施工和养护效率，后期强度还略大于二灰粒料的强度，具有稳定的强度递延性，长期使用性能良好。

4.5.2 L-FA-PG-A 的水稳性

水稳性对半刚性基层材料的施工养护和路用性能都有很大的影响，传统二灰类基层材料水稳性比较差，制约了二灰类基层的推广应用[26,34]。为研究 L-FA-PG-A 的水稳性，本试验设计了六种养护方式，对试件在不同的浸水时间下的强度损失进行了研究。图 4-16 对比了浸水时间对水泥稳定粒料、二灰粒料以及 L-FA-PG-A 强度的影响。

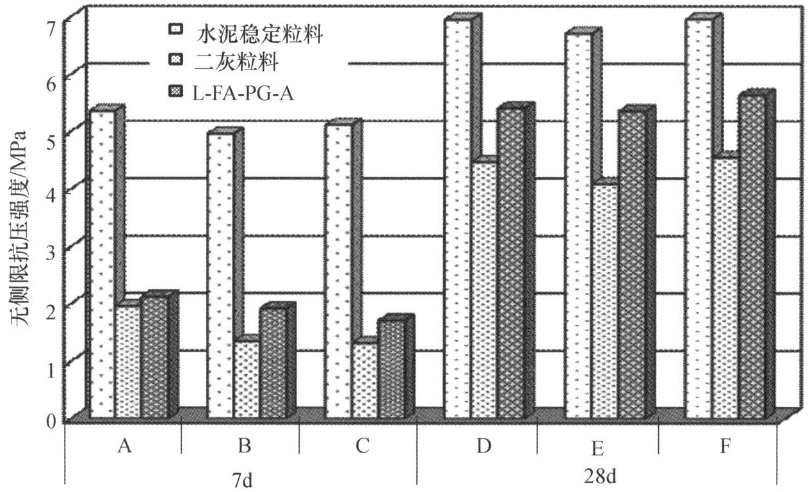

图 4-16 浸水时间对水泥稳定粒料、二灰稳定粒料和 L-FA-PG-A 强度的影响

备注：养护方式 A：湿养 7d，不浸水；养护方式 B：湿养 6d，浸水 1d；养护方式 C：湿养 3d，浸水 4d；养护方式 D：湿养 28d，不浸水；养护方式 E：湿养 27d，浸水 1d；养护方式 F：湿养 7d，浸水 21d。

随着浸水时间的延长，水泥类、二灰类和 L-FA-PG-A 路面基层材料的 7d 强度都有不同程度的降低，但 L-FA-PG-A 的强度降低率比二灰稳定粒料的要小得多。L-FA-PG-A 湿养 3d 后泡水 4d 强度仍有 80% 的保持率，而二灰稳定粒料的强度保持率只有67%，可以看出 L-FA-PG-A 的水稳性和二灰稳定粒料相比有了大幅度的提高。二灰稳定粒料和 L-FA-PG-A 由于强度形成慢，7d 的水稳性赶不上水泥稳定粒料，但 28d 后水稳性和水泥稳定粒料相当。可以看出 L-FA-PG-A 和二灰相比水稳性有了根本改善。

4.5.3　L-FA-PG-A 的抗冲刷性

由于二灰类基层材料相对不透水，当雨水浸入沥青面层后，会滞留在基层顶面，在行车荷载作用下，产生的高压水头对基层材料表面产生剧烈的冲刷作用，严重时就会出现唧泥、坑槽等病害，是二灰稳定粒料类基层的重要缺陷之一。随着交通量和汽车轴载的增加，对基层材料的抗冲刷性的要求越来越高，因此基层材料的抗冲刷性研究备受关注。图 4-17所示是几种配比的 L-FA-PG-A 的冲刷质量损失的试验结果。

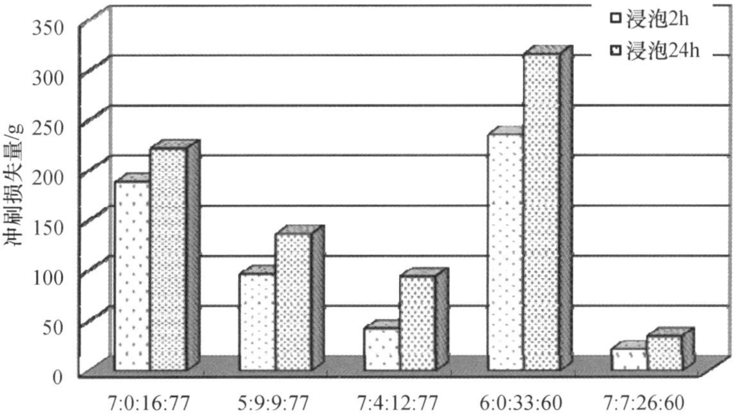

图 4-17　路面基层材料的抗冲刷性试验

L-FA-PG-A 的抗冲刷性能比二灰稳定粒料的冲刷损失量大幅度减少。悬浮式的 L-FA-PG-A 的抗冲刷性较好，但悬浮式的二灰稳定粒料的抗冲刷性较差。由于 L-FA-PG 的胶凝性比二灰有明显改善，因此 L-FA-PG-A 的抗冲刷性比二灰稳定粒料类基层相比有了显著提高。随着泡水时间的延长，混合料的冲刷损失量增加，说明泡水时间延长会使基层材料软化，抗冲刷能力降低，但 L-FA-PG-A 浸水 24h 后其冲刷损失量和浸水 2h 的二灰粒料相比仍然有明显降低，可以认为其抗冲刷性有了大幅度改善。

4.5.4　L-FA-PG-A 的力学性能

本节将 L-FA-PG-A 和常用的几种粒料土稳定类的路面基层材料［二灰稳定砂砾（180d）、二灰稳定碎石（180d）、水泥稳定砂砾（90d）、水泥稳定碎石（90d）］的力学性能进行了对比，表 4-5 所示是几种路面基层材料的劈裂抗拉强度和回弹模量。

在相应的设计龄期，L-FA-PG-A 的劈裂抗拉强度比水泥稳定粒料的劈裂抗拉强度高 0.1MPa 以上，比二灰稳定粒料高出近 0.08MPa。L-FA-PG-A 的回弹模量比水泥稳定粒料的回弹模量高出 800MPa 以上，比二灰稳定粒料高近 400MPa。L-FA-PG-A 和二灰稳定粒料的劈裂抗拉强度以及回弹模量比较相近，可以参照二灰粒料进行路面基层的结构设计。

表 4-5　几种路面基层材料的力学性能

基层材料种类	配比	龄期/d	劈裂抗拉强度/MPa		回弹模量/MPa	
	L（C）：PG：FA：GS		实测值	设计值	实测值	设计值
二灰稳定砂砾	6：0：14：80	180	0.675	0.6～0.8	3079	1300～1700
二灰稳定碎石	6：0：14：80	180	0.712	0.5～0.8	3123	1300～1700
水泥稳定砂砾*	4.5：0：0：100	90	0.647	0.4～0.6	2521	1300～1700
水泥稳定碎石*	4.5：0：0：100	90	0.700	0.4～0.6	2594	1300～1700
L-FA-PG-A1	5：5：10：80	180	0.769	—	3346	—
L-FA-PG-A2	5：5：10：80	180	0.804	—	3687	—

注：根据设计规范，水泥稳定粒料的试验龄期为 90d，二灰和 L-FA-PG-A 的试验龄期为 180d。A1 为砂砾，A2 为碎石。

4.6　L-FA-PG 系统的强度形成机理研究

L-FA-PG 和 L-FA-PG-A 和传统的二灰类基层材料相比，其强度得到大幅提高，同时水稳性、抗冲刷性也获得显著改善。本章采用扫描电镜（SEM）、压汞仪（MIP）等现代测试手段，对比研究了 L-FA-PG 胶凝材料的微观结构，揭示了 L-FA-PG 系胶凝材料的强度形成机理与性能改善机理。

4.6.1　石灰-粉煤灰的强度形成机理

低钙的粉煤灰自身没有胶凝性，但与石灰混合后，其粉煤灰中的活性 SiO_2、Al_2O_3 与 $Ca(OH)_2$（石灰）反应，生成具有胶凝性的水化硅酸钙凝胶 C-S-H 及水化铝酸钙 C-A-H。其反应过程如下[125-126]：

$$x\mathrm{Ca(OH)_2} + \mathrm{SiO_2} + n\mathrm{H_2O} \rightarrow x\mathrm{CaO} \cdot \mathrm{SiO_2} \cdot (n+x)\mathrm{H_2O}$$

$$y\mathrm{Ca(OH)_2} + y\mathrm{Al_2O_3} + n\mathrm{H_2O} \rightarrow y\mathrm{CaO} \cdot \mathrm{Al_2O_3} \cdot (n+y)\mathrm{H_2O}$$

粉煤灰中的主要活性物质是以玻璃态存在的活性 SiO_2 和活性 Al_2O_3，但由于粉煤灰的球形玻璃体比较稳定，表面又相当致密（图 4-18），活性 SiO_2、Al_2O_3 的溶出速度慢，不易水化[56]，因此与石灰的火山灰质反应速度相当缓慢。粉煤灰与石灰成型 3d 后，表面还没有什么变化（图 4-19），到7d变化也很小，只是有极少量的纤维状水化物（图4-20）。直到28d才有比较明显的水化产物形成（图4-21）。宏观上表现为成型3d后的石灰-粉煤灰，泡水溃散没有强度，且7d甚至28d的强度也很低。但该反应的持续时间长，直到90d后才能形成能大量交叉连接的胶凝性水化产物，形成足够的黏结强度，而且随反应的进行，后期强度持续增长。

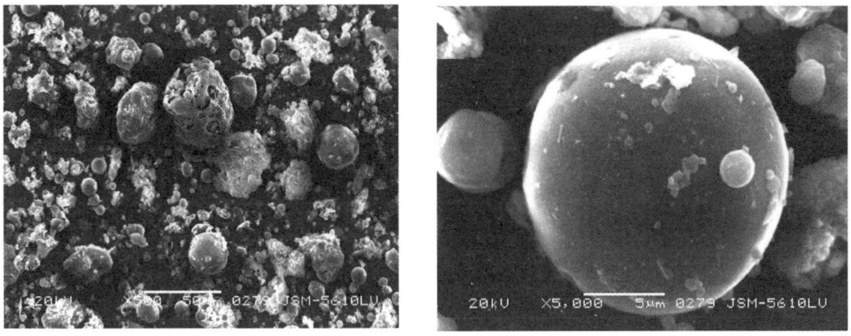

(a)　　(b)

图4-18　粉煤灰的形貌

（a）原状粉煤灰的微观形貌；（b）粉煤灰中的球状玻珠

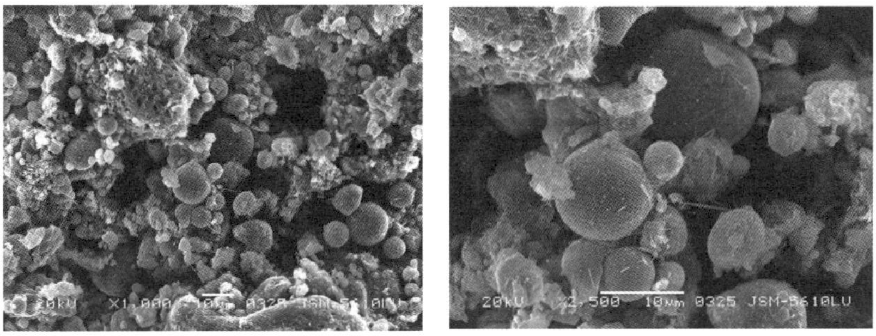

(a)　　(b)

图4-19　石灰-粉煤灰水化3d后的形貌

（a）二灰的微观形貌；（b）二灰中粉煤灰表面的形貌

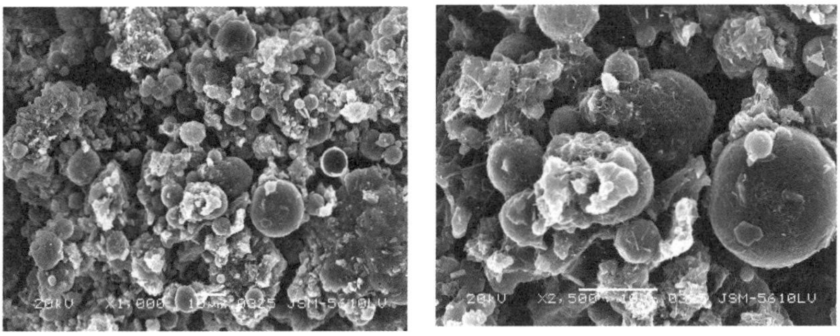

(a)　　(b)

图4-20　石灰-粉煤灰水化7d后的形貌

（a）二灰的结构形貌；（b）二灰中的石灰表面形貌

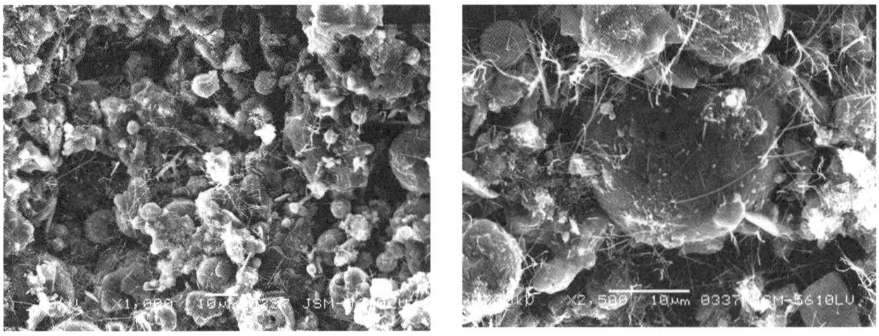

(a) (b)

图 4-21 石灰粉煤灰水化 28d 后的形貌

（a）二灰的结构形貌；（b）二灰中的粉煤灰表面形貌

4.6.2 L-FA-PG 系胶凝材料强度形成机理

（1）L-FA-PG 水化产物组成

在 L-FA-PG 中，粉煤灰中的活性 Al_2O_3 会与石灰中的 $Ca(OH)_2$ 以及磷石膏中的 $CaSO_4 \cdot 2H_2O$ 反应生成溶解度很低的硫铝酸钙即钙矾石（AFt），其反应过程如下[125]：

$$3Ca(OH)_2 + Al_2O_3 + 3CaSO_4 \cdot 2H_2O + 23H_2O \rightarrow 3CaO \cdot Al_2O_3 \cdot 3CaSO_4 \cdot 32H_2O$$

由于 AFt 的形成速度快，且溶解度低，大大降低了液相中铝酸根离子的浓度，加速了粉煤灰质玻璃体的溶解速度，使得粉煤灰颗粒表面出现缺陷，从而激活了粉煤灰的活性，加速了石灰与粉煤灰的火山灰质反应进程。从 L-FA-PG 系胶凝材料水化 3d 的 SEM 照片（图 4-22）可以看到明显的水化迹象，3d 已形成了较多的水化产物，粉煤灰的颗粒表面已被水化产物覆盖，颗粒之间基本被水化产物填充；到 28d 已形成大量的胶凝物质（图 4-23）。而在二灰中，即使到 28d 水化产物的形成量也很少。

(a) (b)

图 4-22 L-FA-PG 系胶凝材料水化 3d 的电镜照片

（a）龄期 3d 的 L-FA-PG 形貌；（b）龄期为 3d 的 L-FA-PG 中粉煤灰形貌

(a) (b)

图 4-23 L-FA-PG 系胶凝材料水化 28d 的电镜照片

（a）龄期 28d 的 L-FA-PG 形貌；（b）龄期为 28d 的 L-F-PG 中粉煤灰形貌

因此，磷石膏加入二灰制成 L-FA-PG 后，3d 即可形成一定的强度，而 7d、28d 强度和二灰相比，大幅度提高。值得指出的是，磷石膏的加入不仅仅加速了石灰与粉煤灰的火山灰质反应，更重要的是形成了较多钙钒石 AFt。AFt 是一种细针状晶体（图 4-24），穿插于水化硅酸钙以及未水化的物相之间，增强了颗粒之间的连接力，因此提高了胶凝作用。它在形成过程中吸收大量水（结构水占的空间达钙矾石体积的 81.2%），可以产生明显的体积膨胀。

(a) (b)

图 4-24 L-FA-PG 系胶凝材料中的 AFt 及其分布特点

（a）L-FA-PG 中 AFt 形貌；（b）AFt 晶体的分布

磷石膏的加入不仅仅加速了石灰与粉煤灰的反应速度，更快地形成了较多的胶凝物质，而且生成了胶凝性更好的 AFt，取代胶凝性差而且水稳性差的水化铝酸钙（C-A-H）[119]，从而使二灰的胶凝性增强。

（2）L-FA-PG 孔结构

二灰以及 L-FA-PG 的硬化体属脆性多孔材料，其孔隙率、孔径及其分布、孔的形态以及孔壁所形成的巨大内表面面积，对材料的强度与性能都有重要影响。一般而言，脆性多孔材料的强度 S 和与毛细孔隙率 p 之间存在如下关系：

$$S = S_0 e^{-bp}$$

式中 S_0——毛细孔为零时硬化体强度；

b——常数，依试验而定。

也就是说孔隙率越低，硬化体的强度越高。孔径的大小对材料性能也有显著影响。吴中伟院士根据孔径对混凝土强度和抗渗性的影响，将混凝土的孔初步分为四类：小于 20nm 的无害孔；20 ~ 100nm 的少害孔；100 ~ 200nm 的有害孔；大于 200nm 的多害孔。P. K. Mehta 将混凝土的孔大体也分为小于 4.5nm、0.5 ~ 50nm、50 ~ 100nm 和大于 100nm 四个级别，他认为只有大于 100nm 的孔才是有害的。孔径越小，对材料的强度、抗渗性的不良影响越小[127]。

图 4-25、图 4-26 所示分别是用压汞法（MIP）测试的二灰（石灰：粉煤灰 = 8：92）、L-FA-PG 系胶凝材料（石灰：磷石膏：粉煤灰 = 8：22：70）硬化 28d 的孔径分布及总孔隙率结果。

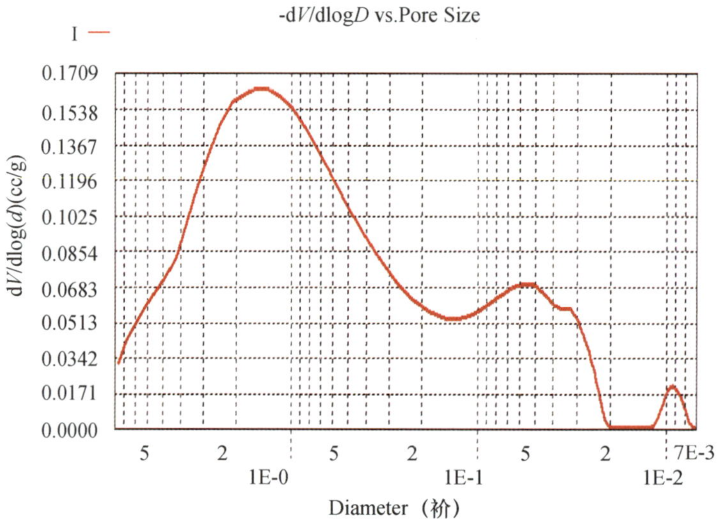

图 4-25　二灰的孔结构图谱

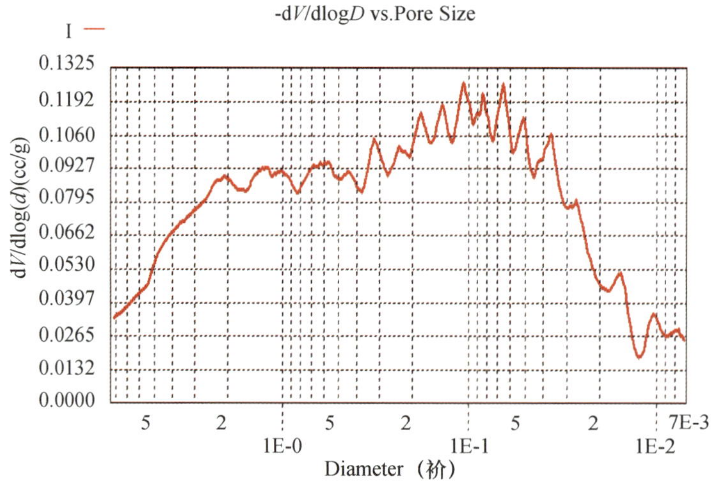

图 4-26　L-FA-PG 的孔结构图谱

经对比可以发现，L-FA-PG 和二灰相比，大孔数量明显减少，小孔数量增多，总孔隙率下降，孔结构明显细化。从图 4-26 可以看出，L-FA-PG 很多孔隙是小于 100nm 的无害孔。产生该结果的原因：一方面是磷石膏加入后，加快了反应速度，形成了更多的胶凝产物；另一方面是 AFt 的形成，产生了较大的体积膨胀使结构致密化所致。值得指出的是，当磷石膏掺量过多，压实度过高，会形成较大的背向膨胀作用[128]，对强度的形成和发展不利。这就是为什么磷石膏掺量过多，或压实度过高时，L-FA-PG 系胶凝材料的强度会降低的原因。另外，硬化体内部孔隙率低，孔径尺寸小，有利于阻止外界水的渗入，因而有更好的水稳性。

石灰-粉煤灰在水化硬化过程中，或失水的条件下，均会产生一定的收缩。收缩若过大，就可能导致基层开裂，从而引发路面病害。在 L-FA-PG 中由于生成较多的具有膨胀性的钙矾石（AFt），它可补偿部分收缩，从而降低二灰的干缩率。笔者在 207 国道的大修工程中的 L-FA-PG 工程实践表明，L-FA-PG 具有很好的抗裂性。

4.7　小结

（1）利用磷石膏有效成分 $CaSO_4 \cdot 2H_2O$ 对石灰-粉煤灰之间的火山灰质反应的硫酸盐激发作用，研制了 L-FA-PG-（A）类 ISW-RBM。

（2）L-FA-PG 的合理配合比：石灰掺量 8% ~10%；粉煤灰：磷石膏为 1：1 ~1：3，和传统的二灰相比强度有显著提高，解决了早强过低的问题。粉煤灰和磷石膏细度越细，L-FA-PG 的强度越高。在 L-FA-PG 中粉煤灰细度可以放宽到 0. 075mm 筛筛余 50%，磷石膏细度 0. 075mm 筛筛余大于 60% 即可。

（3）磷石膏改性生石灰粉具有更好的活性，可取代消石灰粉、生石灰粉配制石灰土或石灰粉煤灰以及 QL-FA-PG，不仅可提高强度，改善性能，而且可简化施工工艺、改善施工环境。

（4）L-FA-PG 早期强度和传统的稳定细粒土相比有明显提高，其强度递延性也非常稳定，各龄期的强度都高于二灰等细粒土类路面基层材料。其水稳性、抗冲刷性和二灰相比有显著提高，劈裂抗拉强度、回弹模量和二灰等相比有了一定提高。

（5）L-FA-PG-A 的集料级配以级配中值比较合理。以集料在混合料达到松堆状态时的集料-结合料比（通常集料用量为 75% ~80%）比较合理，可达到较高的强度。

（6）L-FA-PG-A 和二灰稳定粒料相比，最佳石灰用量有了显著变化。二灰稳定粒料中，适宜的石灰掺量为7%～9%；而L-FA-PG-A中适宜的石灰掺量为4%～6%。采用L-FA-PG-A不仅强度可大幅度提高（约40%），而且石灰用量可节约40%。

（7）磷石膏对二灰稳定粒料有显著的增强作用，随着磷石膏掺量的增加，二灰稳定粒料的强度骤升，当掺量达到4%时，强度达到峰值；进一步增加磷石膏掺量，强度开始缓慢下降，当磷石膏掺量过高后，强度低于二灰稳定粒料。

（8）L-FA-PG-A的强度（随龄期延长）增长率高（与二灰稳定相近），且各龄期强度均高于二灰稳定，其中7d、28d强度约提高50%，而一年后的强度达到14MPa，比二灰稳定强度提高了约25%，比水泥稳定强度提高了约5MPa。

（9）L-FA-PG-A的水稳性、抗冲刷性显著优于二灰稳定；而劈裂抗拉强度、回弹模量略高，在结构设计时，可参照二灰粒料进行。

（10）磷石膏加快了石灰-粉煤灰之间的火山灰反应，并参与反应生成了AFt，改善了水化物的组成与胶凝性，并有膨胀挤密和补偿收缩的作用。因此，不仅增加了L-FA-PG类路面基层材料的强度，并且增强了其抗裂性。

5 石灰(水泥)-粉煤灰-粒状渣[L（C）-FA-GS]路面基层材料

粒化粒状渣（Granular Slag）是指高温熔渣经过水淬冷却而形成的颗粒状的工业废渣。粒化高炉矿渣、磷渣和锰渣都是典型的粒化渣，其中磷渣和锰渣的利用率很低。这些磷化渣可以作为细集料使用，同时磷化渣中的粉料具有潜在水硬活性。本章探讨了用磷渣和锰渣制备 ISW-RBM 的可行性。磷渣是电炉法制取黄磷时所得到的以硅酸钙为主要成分的熔融物经水淬得到的细颗粒状废渣，磷渣中的 CaO 含量比较高，具有较高的潜在水硬性，在作为混凝土矿物掺合料时具有与粒化高炉矿渣相似的活性[129]，冯乃谦[130]的研究还表明其活性比细磨矿渣的略高。笔者在贵州省考察时发现，磷渣在长期堆放过程中能结成团块，一般固结团块的强度较低，但在受压的底层则可形成强度相当高的团块。磷渣通过自身固结形成强度的过程十分缓慢，必须和其他具有胶凝作用的材料配合才能制成路面基层材料。锰渣是高炉炼锰铁合金时排放的粒化渣，目前对其研究还很少，锰渣和磷渣相比其 CaO 含量较低，不能通过自身的水化而固结，但也有很好的火山灰活性。这两种渣的最大粒径均为 4.75mm，颗粒级配不良，细颗粒少，因而其堆积状态相当松散，必须和一些粉状工业废渣配合方可形成密实的结构。本章对粒化渣组配制备 ISW-RBM 稳定材料进行了优选，对粒状渣制备的 ISW-RBM 的组成进行优化，并对其性能和强度形成机理进行了研究和探讨。

5.1 粒状渣类路面基层材料结合料的选择

选择合适的结合料对粒状渣进行固结，方能使之形成具有一定强度和整体性的路面基层材料。这种结合料不仅具有很高的胶结能力，而且能改善粒状渣的堆积状态，填充堆积空隙，使之形成良好的密实结构。图 5-1对比了水泥（5% 的水泥）、石灰（8% 的石灰）、水泥综合（3% 的水泥加 6% 的石灰）、石灰粉煤灰（8% 的石灰加 22% 的粉煤灰）和水泥粉煤灰（5% 的水泥加 10% 的粉煤灰）五种稳定剂对磷渣的稳定效果。

磷渣和水泥、磷渣与石灰的混合料，成型后的稳定体内聚力小、黏结力低，试件脱模后易松散，早强低，泡水溃散。这是因为磷渣颗粒级配不良，少量的水泥和石灰不足以形成黏聚性的整体，另外，磷渣中的可溶磷对水泥早期水化的抑制作用使得固化土早期难以形成足够的强度。二灰稳定磷渣和水泥粉煤灰稳定磷渣混合料中含有一定量的粉煤灰，改善了稳定体的填充状态，形成了密实型结构，促进了强度的形成，经过优选石灰（水泥）-粉煤灰-粒状渣［Lime（Cement）-Fly Ash-Granular Slag Road Base Material，L（C）-FA-GS］路面基层材料具有较高的研究和利用价值。下面对这类材料进行深入的研究。

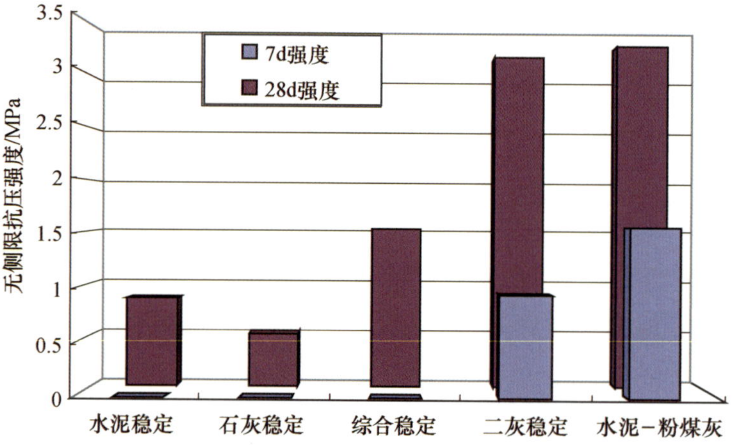

图 5-1　不同材料稳定磷渣强度对比

5.2　石灰-粉煤灰-粒状渣（L-FA-GS）的研究

5.2.1　L-FA-GS 的材料组成设计

为探讨石灰（水泥）-粉煤灰-粒状渣［L（C）-FA-GS］路面基层材料最佳材料配比，本试验以 L-FA-GS 的 7d 强度作为考察指标，对 L-FA-GS 路面基层材料的材料组成进行优化设计。在 L-FA-GS 路面基层材料中足够的细颗粒含量对粒状渣空隙的堆积与填充十分重要，因此粉煤灰的掺量是材料强度的主要影响因素。本节研究石灰掺量为 8% 的条件下，不同粉煤灰掺量对石灰-粉煤灰-磷渣（L-FA-PS）和石灰-粉煤灰-锰渣（L-FA-MS）基层材料的最高干密度、最佳含水率和强度的影响。当粉煤灰用量合理时，L-FA-GS 具有最高的密实度和最高的强度。配比设计试验结果如图 5-2 ~ 图 5-5 所示。

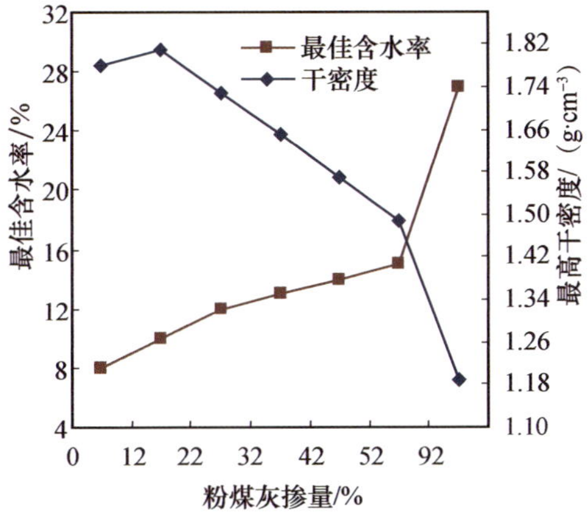

图 5-2 粉煤灰掺量对稳定磷渣干密度的影响

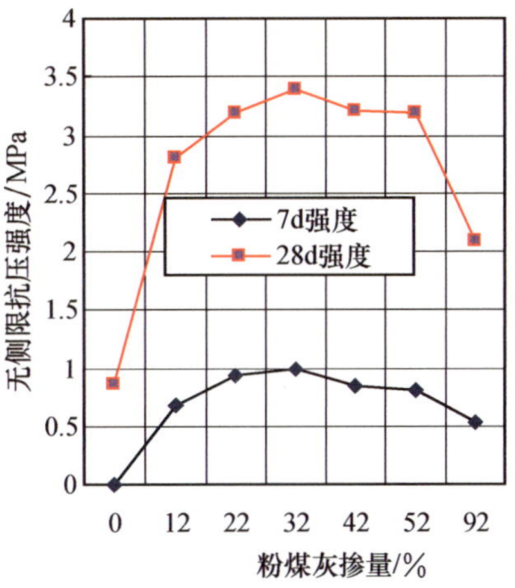

图 5-3 粉煤灰掺量对稳定磷渣强度的影响

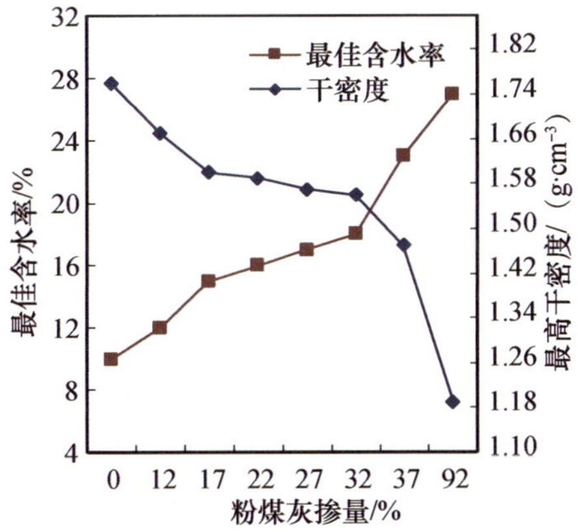

图 5-4 粉煤灰用量对稳定锰渣干密度的影响

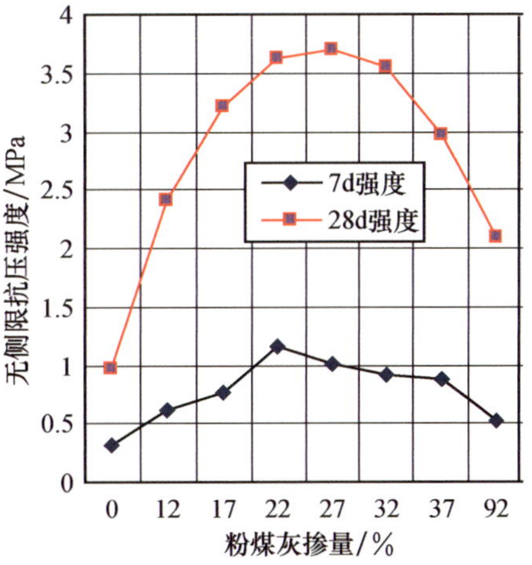

图 5-5 粉煤灰用量对稳定锰渣强度的影响

当磷渣中加入石灰后，7d 基本没有形成足够的强度，这是因为磷渣中较细的活性颗粒少，7d 几乎没能发生明显的水化反应，而且 8% 的石灰不能有效填充磷渣的空隙。随着粉煤灰掺量的增加，结合料数量增加，L-FA-PS的强度呈现出先增长、后降低的趋势。当粉煤灰用量在 32% 时，其 7d 强度和 28d 强度均最高。从图中可以看出，粉煤灰的合理用量范围为 22% ~42%。对锰渣而言，随着粉煤灰用量的增加，L-FA-MS的强度也呈现出先增后减的趋势，粉煤灰用量为 22% 时其 7d 强度出现最大值，而 28d 的最大强度出现在粉煤灰用量为 27% 时，其合理的粉煤灰掺量范围是 22% ~32%。L-FA-MS 的强度比 L-FA-PS 的强度要高，这与磷渣的颗粒内应力大、脆性较强有关。

5.2.2 磷石膏对 L-FA-GS 基层材料强度的影响

磷石膏对石灰-粉煤灰的火山灰质反应可起到硫酸盐激发作用，并能参与石灰与粉煤灰之间的反应，改变水化物组成，提高石灰-粉煤灰的胶凝作用，从而提高早期强度。本节研究了磷石膏对 L-FA-GS 强度的影响，用6%、10%、14%三个掺量的磷石膏以取代粉煤灰，图5-6、图5-7所示为磷石膏掺量与 L-FA-GS 强度的关系。

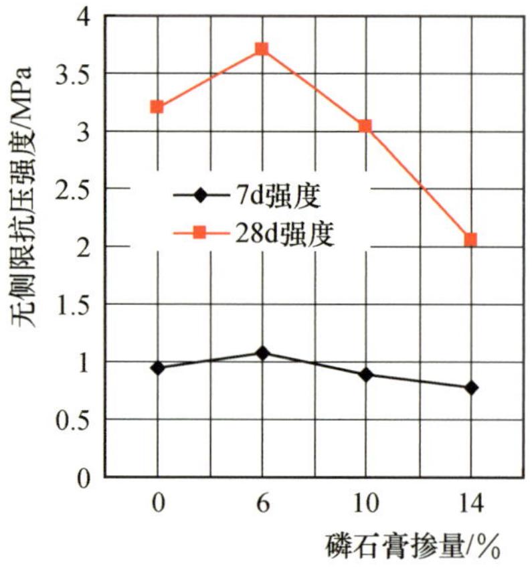

图5-6　磷石膏掺量对磷渣基层强度的影响

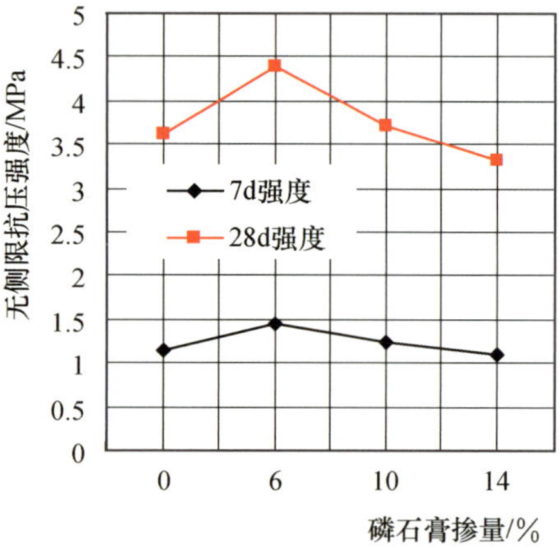

图5-7　磷石膏掺量对锰渣材料强度的影响

在 L-FA-GS 系的材料中，掺入磷石膏后对强度的影响较大，掺入6%的磷石膏，7d 和 28d 强度的提高幅度最大，随着磷石膏掺量的继续增加，强度逐渐降低，到10%时强度与未加磷石膏时基本持平，进一步增加强度有所降低。6%的磷石膏对 L-FA-PS 的 7d 强度可提高21%，对 28d 强度可提高25%。磷石膏掺量不宜过高，当掺量达到10%后，7d 强度已无明显增长，对 28d 强度仍有较大的提高；当掺量达到14%后，7d 强度有所降低，28d 强度也降低明显。L-FA-MS 中加入6%的磷石膏后 7d 强度提高幅度最大，达到40%，但对 28d 强度的提高幅度只有11%。磷石膏掺量进一步增加，对 7d 强度都有明显的提高，但对 28d 强度有一定的降低作用。因此磷石膏在 L-FA-GS 中的用量控制在5%左右为宜。L-FA-PG-MS 的强度高于相同配比的 L-FA-PG-PS。

5.3 C-FA-GS 路面基层材料的研究

L-FA-GS 的强度主要源于石灰粉、煤灰以及粒状渣细颗粒之间的火山灰质反应，但石灰与粉煤灰之间的反应一般比较慢，因而强度的形成较慢；而在 C-FA-GS 中，水泥的水化硬化速度较快并独立地水化形成强度。另外，L-FA-GS 类材料的石灰用量比较大，石灰通常作为一种块状物料出售，使用过程中一般要经过消解和配料等过程，这些过程会产生比较大的扬尘和污染。选用水泥作为胶结料也有方便施工和环境保护效果。本节对 C-FA-PG-GS 路面基层材料进行了研究。

5.3.1　C-FA-GS 路面基层材料的配合比设计

在 C-FA-GS 中粉煤灰有两个方面的作用：① 磷渣中细颗粒含量较少，粉煤灰的加入调整了磷渣的级配，使得这种材料中细颗粒含量增加，具有较好的填充性，更容易形成致密的结构。② 粉煤灰是一种火山灰活性的物质，可以参与水泥的水化，生成更多的胶凝性水化产物，提高材料的胶凝性，有利于强度的提高，但过多的粉煤灰会降低水泥对基层材料的固化作用。在 C-FA-GS 材料中粉煤灰有一个合理的掺量，方能达到最佳的稳定作用。图 5-8 ~ 图 5-11 研究了当水泥用量为 4% 时，粉煤灰掺量为 6%、11%、16%、21%、26% 时的 C-FA-GS 的强度，并对比了不同磷渣制备的 C-FA-PS 的强度。

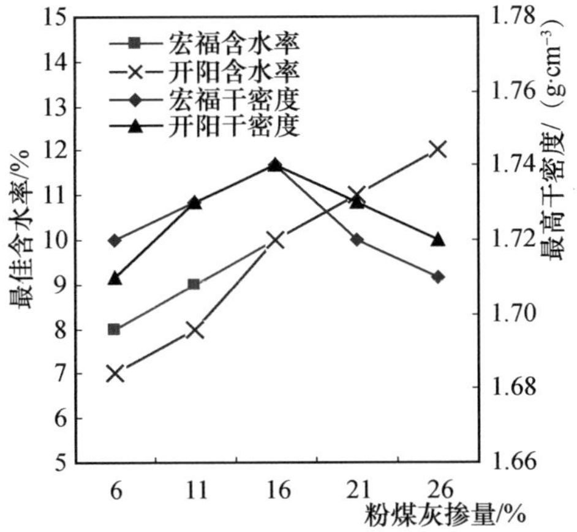

图 5-8　粉煤灰掺量对稳定磷渣干密度的影响

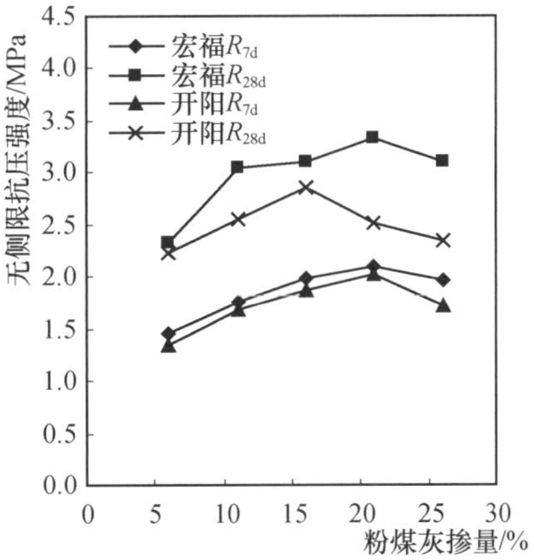

图 5-9　粉煤灰掺量对稳定磷渣强度的影响

C-FA-GS 中随着粉煤灰用量的增加，强度出现一个最高值，进而逐渐降低。在 C-FA-PS 中，当粉煤灰用量为 16% ~21% 时有较高的干密度和较高的强度。可以认为，在这种情况下，材料的结构较为致密。水泥-粉煤灰稳定的宏福磷渣，当粉煤灰用量为 21% 时，强度最高；水泥-粉煤灰稳定开阳磷渣时，强度最高值出现在粉煤灰用量为 16% 处。用开阳磷渣制备的 C-FA-GS 的强度比用宏福磷渣制备的 C-FA-GS 强度略高。综合来看：在 C-FA-PS 体系中，粉煤灰掺量为 16% 时有较高的干密度和较高的强度；因此，C-FA-GS 体系的粉煤灰的用量为 15% ~20% 时比较合理，粒状渣用量在 75% ~85% 时比较合理。

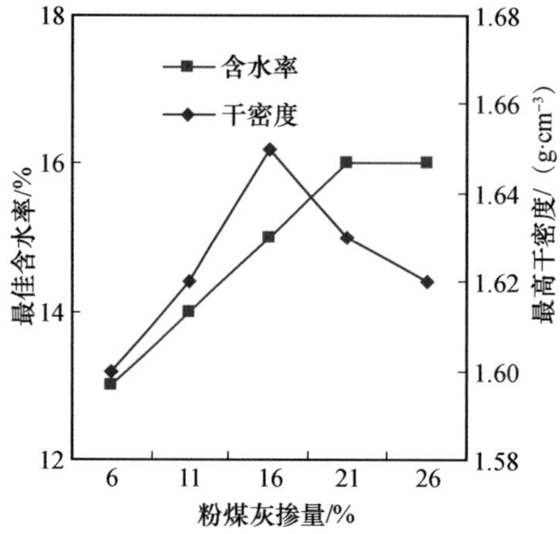

图 5-10　粉煤灰掺量对稳定锰渣干密度的影响

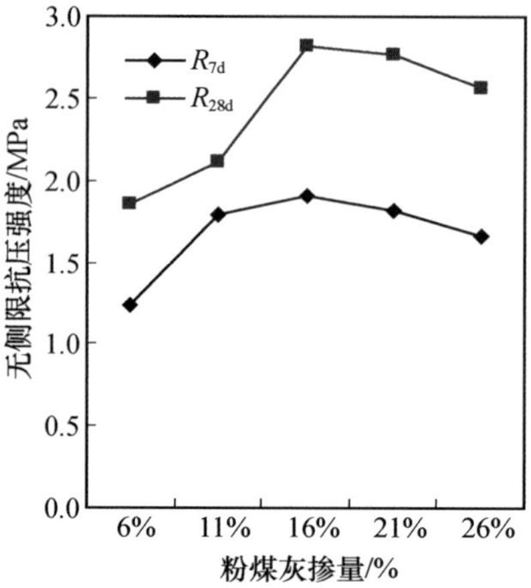

图 5-11　粉煤灰掺量对稳定锰渣强度的影响

5.3.2　磷石膏对 C-FA-PS 强度的影响

在 C-FA-PS 材料中，加入少量石膏应该对粉煤灰的活性有一定的激发作用。因此，本节设计了磷石膏掺入后对 C-FA-PS 强度的影响试验。不同掺量的磷石膏对强度影响的结果如图 5-12 所示。

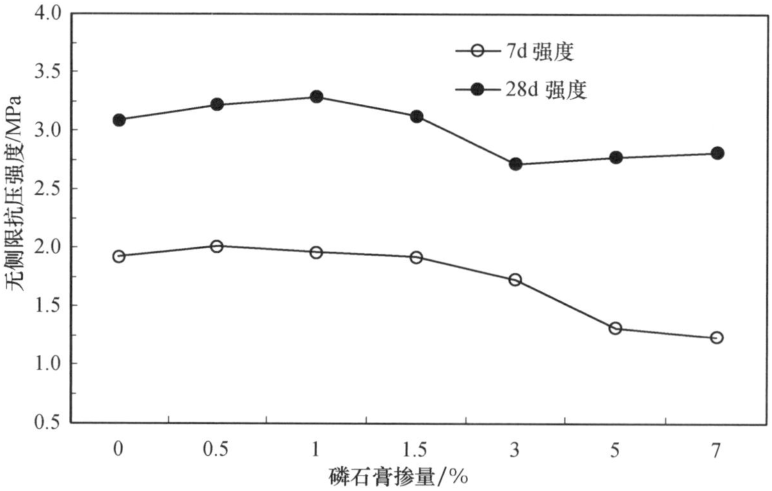

图 5-12　磷石膏掺量对 C-FA-PS 强度的影响

掺 0.5% ~1.0% 的磷石膏，对 28d 强度有一定的激发作用，但 7d 强度的增强效果不明显。磷石膏掺量高于 1.0% 后对强度不仅没有激发作用，反而造成强度的倒缩。这是因为在 C-FA-GS 中加入磷石膏后，磷石膏和水泥直接作用，在较短的时间生成大量的 AFt，产生了较大的背向膨胀，造成了路面基层材料的结构破坏，失去了对强度积极的作用，因此在 C-FA-GS 中不宜外加磷石膏。

5.4 L（C）-FA-GS 路面基层材料的力学性能

5.4.1 L（C）-FA-GS 路面基层材料的强度递延规律

对优化出的七种配比的材料的 L（C）-FA-GS 路面基层材料的 7d、28d、90d、180d 和 360d 的龄期的强度进行了测试，其强度递延规律如图 5-13 所示。

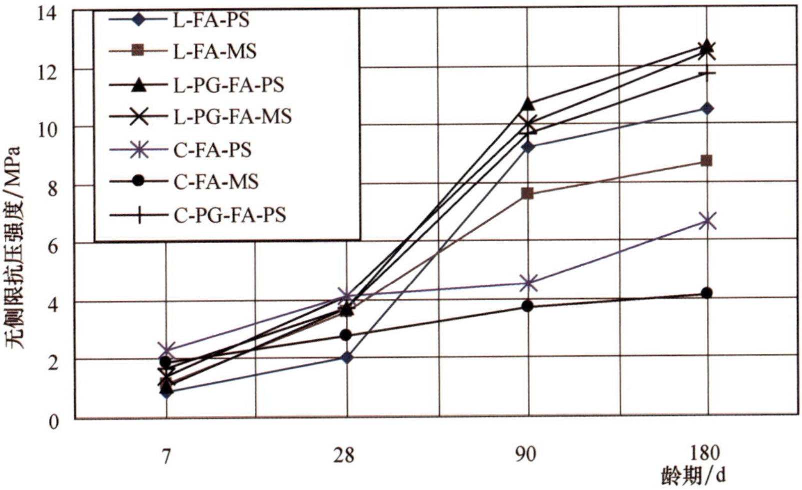

图 5-13 L（C）-FA-GS 材料不同龄期的强度递延规律

C-FA-GS 和 L-FA-GS 相比，具有较高的早期强度，后期强度可达到 6MPa 左右，比 L-FA-GS 低。L-FA-GS 的后期强度可达到 8～10MPa，加入磷石膏后，早期强度也有一定的提高，后期强度更高，90d 强度即可达到 10MPa，360d 强度可达到 12MPa。

C-FA-GS 体系，尽管早期强度较高，但后期强度较低，这是因为水泥能较快地水化硬化，但水化后提供的 Ca（OH）$_2$不能提供持续快速反应的碱性环境，因此后期强度的增进率较低。石灰可提供较多的 Ca^{2+} 和 OH^- 离子，保持较长时间的碱性环境，与粉煤灰和活性粒状渣持续发生反应，生成更多胶凝性水化产物。C-FA-GS 中加入一定量的磷石膏，尽管对早期强度的提高不太明显，但是极大地提高了后期强度，这是因为磷石膏改善了 C-FA-GS 的水化产物的缘故。

5.4.2 L（C）-FA-GS 路面基层材料的劈裂抗拉强度和回弹模量

本节也对上述七种优选配比的 L（C）-FA-GS 的劈裂抗拉强度和回弹模量进行了研究，其试验结果如图 5-14 ~ 图 5-15 所示。

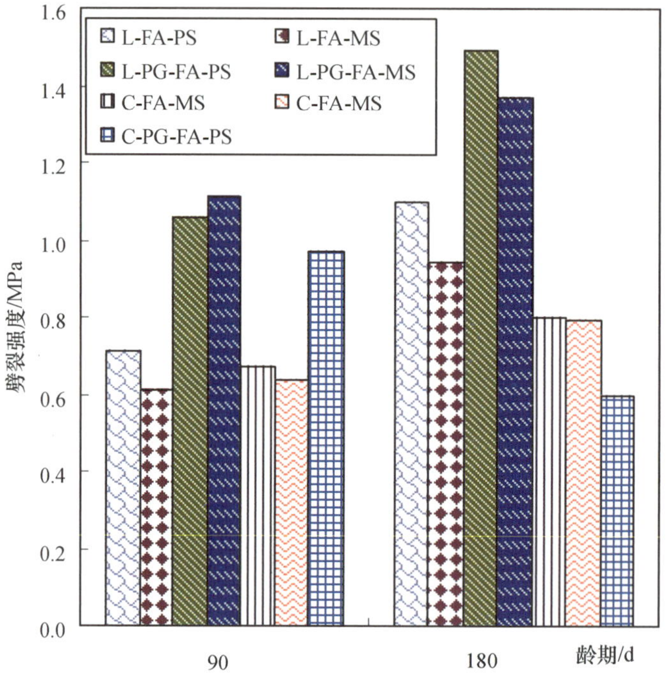

图 5-14 L（C）-FA-GS 的劈裂抗拉强度与龄期的关系

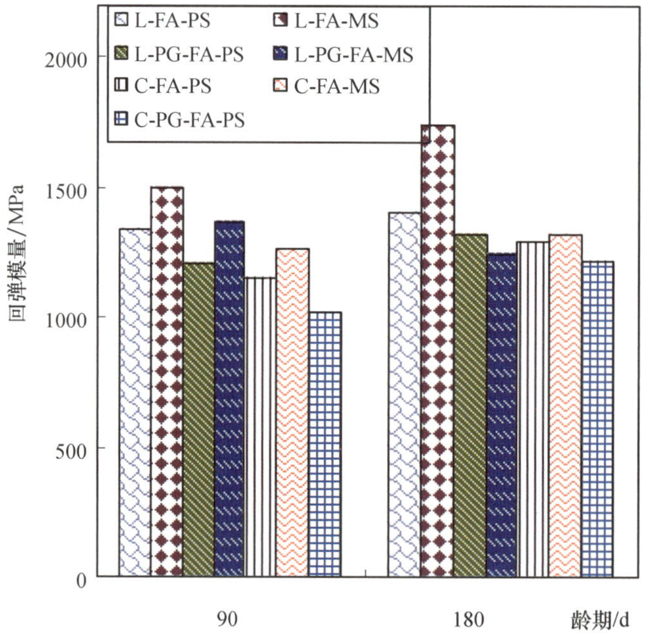

图 5-15 L（C）-FA-GS 的回弹模量与龄期的关系

从以上的试验可以看出：L（C）-FA-GS路面基层材料的劈裂抗拉强度和回弹模量可达到石灰工业废渣类路面基层的设计指标，基本上可以参照二灰类路面基层材料进行结构层设计。L（C）-FA-GS的劈裂抗拉强度达到了设计的要求，特别是加入磷石膏后，其劈裂抗拉强度的增长较大，甚至达到1.02MPa，但其回弹模量并没有太明显提高，因此L-FA-PG-GS是一种韧性很好的路面基层材料，在路面基层中应用，具有较好的抗弯拉能力，对提高路面基层材料的使用性能十分有利[16]。

5.5　L(C)-FA-GS路面基层材料的强度形成机理研究

在L（C）-FA-GS路面基层材料的强度形成过程中，同时存在着两种类型的反应：一种是结合料L（C）-FA-PG还有少量粉状的磷渣之间的反应，产生胶结作用；另一种是结合料中的石灰和石膏与作集料的粒状渣的活性表面之间的反应。第一种反应为L-FA-GS的强度形成起到胶结作用，是强度形成的主要反应，第二种反应为增强集料-结合料界面之间的结合力，使结合料-粒状渣之间的界面黏结强度大幅度提高，起到界面增强作用。

5.5.1　结合料的胶结作用

石灰和粉煤灰是L-FA-GS的主要胶凝材料，粉煤灰为反应的进行提供活性SiO_2和Al_2O_3，粉煤灰的反应程度是胶结料强度进展程度的重要标志。图5-16所示是水化28d的L-FA-GS中粉煤灰表面的水化情况。

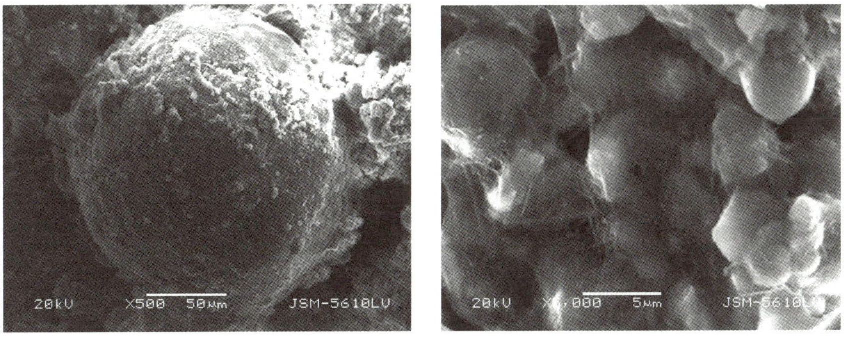

(a)　　(b)

图5-16　水化28d粉煤灰试样的反应情况

(a) 28d的粗粉煤灰表面的水化情况；(b) 28d细粉煤灰表面的水化情况

从图 5-16（a）可以看到，28d 后即使是粒径很大的粉煤灰（200μm）的表面都覆盖上了一层细密的水化产物。从图 5-16（b）可以看出，细粉煤灰（5μm）水化更为明显。细粉煤灰之间被水化产物所包围，并相互之间黏结在一起。从以上的情况可以看到，L（C）-FA-GS 路面基层材料的水化物也应由水化硅酸钙凝胶以及一些 AFt 组成。

图 5-17（a）所示是水化 28d 的 L-FA-GS-PG 路面基层材料中的水化组成。从水化产物的形貌来看，到了 28d 水化物中有很明显的 AFt 针棒状晶体，以及少量六方板状的 $Ca(OH)_2$晶体。到 1 年后［图 5-17（b）］基本不存在 $Ca(OH)_2$晶体，说明 $Ca(OH)_2$可能因和活性产物反应而耗尽。AFt 晶体充分生长，比 28d 的晶体的尺寸长大了 1 倍左右。

(a)

(b)

图 5-17　水化 28d 及 1 年试样产物形貌

（a）28d 的水化产物形貌；（b）1 年的水化产物形貌

5.5.2　粒状渣的活性反应

磷渣的主要成分是 $CaO-SiO_2-Al_2O_3$系的玻璃物质，且 CaO 含量高，具有显著的潜在水硬性，粒状渣一般经过水淬过程，产生了较大的内应力，表面有明显的细小裂纹以及细小碎片，有些粒状渣表面比较粗糙，这些部位通常具有一定的反应活性（图 5-18）。

水化 28d 时这些活性部位发生了明显的反应，可以看到少量明显的针状和纤维状的水化产物。水化产物和粒状渣之间结合很好，黏结比较紧密（图 5-19）。

因为粒状渣颗粒大，比表面积小，粒状渣表面的活性不强，因此到 28d 水化后水化产物比较少，只是集中在少量的活性强的裂纹和碎片处。但到了 1 年后，水化产物在一些活性的糙面处都能大量产生了，粒状渣表面明显受反应而侵蚀（图 5-20、图 5-21）。

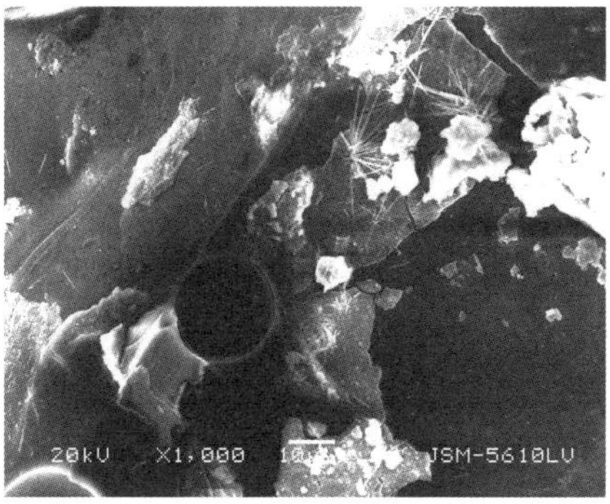

图 5-18　粒状渣表面的水化

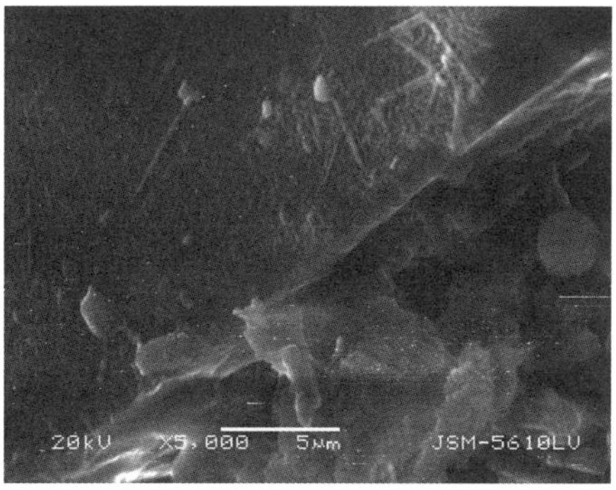

图 5-19　粒状渣与水化结合料的界面

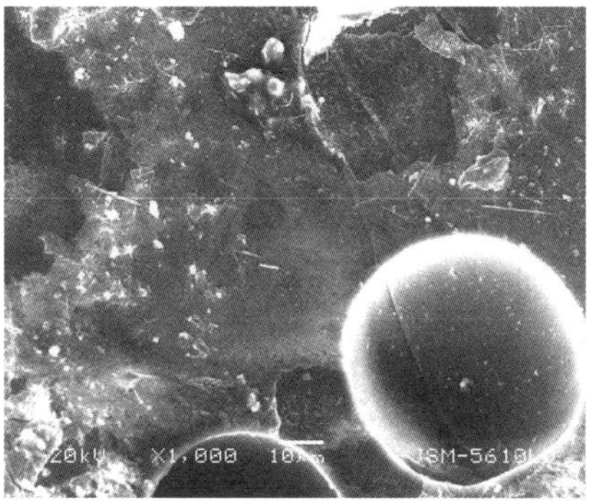

图 5-20　粒状渣表面 28d 的水化产物

图 5-21　粒状渣表面 1 年的水化产物

粒状渣与胶结料中 $Ca(OH)_2$和 $CaSO_4 \cdot 2H_2O$ 之间的反应是比较缓慢的，但随着这种反应的进行，胶结料和集料之间的连接作用得到增强，而界面往往是传统的混凝土以及路面基层材料中最薄弱的部位，是受力破坏的“策源地”。界面处反应生成一定量的水化产物[13]，有利于 L-FA-GS 路面基层材料的强度和整体性的提高。

5.6　小结

（1）磷渣颗粒级配不良，用水泥、石灰稳定的磷渣，早强低，泡水溃散。石灰-粉煤灰稳定磷渣和水泥-粉煤灰稳定磷渣混合料中细颗粒含量较高，具有较好的黏聚性，有利于强度形成。L（C）-FA-GS 是一种较好的粒状渣路面基层材料体系。

（2）随着粉煤灰用量的增加，L-FA-GS 的强度呈现出先增长，后降低的趋势。在 L-FA-GS 中，磷渣、锰渣的合理用量范围为 60% ~70%。

（3）在 L-FA-GS 路面基层材料中掺入磷石膏后对强度的影响较大，

掺入5% ~6%的磷石膏7d和28d强度的提高幅度最大，因此含有5% ~6%磷石膏的L-FA-PG-GS路面基层材料的性能和L-FA-GS路面基层材料相比有了明显的改善。

（4）C-FA-GS路面基层材料中，粒状渣掺量为75% ~80%时有较高的干密度和较高的强度，因此其合理用量为75% ~80%。

（5）C-FA-GS体系的路面基层材料，尽管早期强度较高，但后期强度较L-FA-GS路面基层材料低。

（6）L（C）-FA-GS路面基层材料的劈裂抗拉强度和回弹模量可达石灰工业废渣类路面基层结构层的设计指标，可以参照二灰类路面基层材料进行结构层设计。

（7）石灰-粉煤灰（磷石膏）之间的胶凝作用是L（C）-FA-GS路面基层材料强度的形成基础，粒状渣与石灰-石膏之间发生的火山灰质反应产生的活性集料界面增强作用有利于强度和整体性的提高。

6 钢渣-粉煤灰-磷石膏（SS-FA-PG）路面基层材料的研究

钢渣（steel slag）是炼钢工业中用石灰提取杂质而大量生成的废渣。钢渣中含有 C_2S、C_3S 等水硬性矿物和硅、铝质玻璃体，因而具有很好的水硬性和潜在水硬性[67,132]。由于钢渣中含有大量的 f-CaO 和一定量的 Fe，因此其安定性和易磨性较差[133-134]，这些都极大地影响了钢渣的综合利用。虽然钢渣用于水泥生产的应用研究非常多，但是实际利用率仍不足 10%，目前钢渣大量用于填筑工程，用水泥、石灰或石灰-粉煤灰稳定钢渣做路面基层材料的研究在国内外已有开展[66-72,135-137]。但这些研究没有充分利用钢渣自身很强的水硬活性。本文利用钢渣的良好水硬活性、粉煤灰的火山灰活性和微集料效应以及磷石膏的硫酸盐激发作用，设计了 SS-FA-PG 路面基层材料。SS-FA-PG 代替常用的水泥稳定类路面基层材料不仅可大量降低工程造价，还可以减少对天然土石料的开采，具有非常明显的环境效益。本章对钢渣集料的制备、钢渣-粉煤灰路面基层材料的组成设计进行了研究，将这种路面基层材料和常用的路面基层材料的性能进行了对比，阐明了 SS-FA-PG 的强度形成机理。

6.1 钢渣集料的制备

6.1.1 钢渣的安定处理

炼钢过程中要加入一定量的生石灰（CaO），作为造渣剂主要用来脱去钢中的 SiO_2。钢渣中总会含有一定量的 CaO 未完全反应，被称作游离 CaO（f-CaO）。这种 f-CaO 在空气中容易吸收水分，生成 $Ca(OH)_2$，产生固相体积膨胀率达到 97.92%，如果 f-CaO 在钢渣颗粒中大量存在，这种应力足以使坚硬的钢渣崩裂成数块，也就是常说的崩解，其危害甚大。

通常解决钢渣的安定性的方法有两种：第一种是蒸汽处理法；第二种是热焖法。其处理工艺如下：

（1）常压蒸汽处理：将钢渣放入常压蒸汽中蒸 3h，利用水蒸气将钢渣中的 f-CaO 消解，处理后的样品往往仍存在安定性的问题。

（2）热焖处理：将钢渣（热态）放入封闭的密封容器中，注入质量为钢渣质量15%～20%的水后，将容器封闭3h。利用钢渣的热量将水分变成高压蒸汽，用高压蒸汽将f-CaO消解，之后打开容器，沥水、破碎、磁选去铁，处理后的钢渣的安定性大为改善。本文所采用的是经过沸煮后普通气冷钢渣。

6.1.2 钢渣的安定性

钢渣中由于含有成团的f-CaO，在水中以及空气中会吸收H_2O，生成$Ca(OH)_2$而膨胀崩解。为评价处理后钢渣的安定性，本文设计了如下试验，对原状钢渣的安定性进行了研究。一种是通过2.0MPa压蒸的方法，测量不同粒级钢渣的粉化率；另一种是采用常压沸煮的方法测量其粉化率。另外，把钢渣作为砂和水泥一起制成砂浆，分别制成雷氏夹试件和安定性试饼，测其雷氏夹安定性和试饼安定性。表6-1对比了热焖法和蒸煮法制备的钢渣集料的安定性。

表6-1 钢渣安定性试验

钢渣粒级	钢渣编号	压蒸粉化率/%	沸煮粉化率/%	雷氏夹膨胀值	试饼形状变化
2.36～4.75mm	1号钢渣	11.8	14.7	4.1	表面起包
	2号钢渣	3.8	4.7	2.25	无裂纹
1.18～2.36mm	1号钢渣	7.5	11.9	3.5	无裂纹
	2号钢渣	2.7	4.7	0.5	无裂纹
0.6～1.18mm	1号钢渣	37.2	37.1	6.0	无裂纹
	2号钢渣	0.5	0.5	0.75	无裂纹

从以上的试验结果可以看出：蒸煮法制备的2号钢渣具有较好的体积安定性，其粉化率较小，其雷氏夹和试饼都表现出较好的安定性。粒径较大颗粒的钢渣的崩解，对试饼及雷氏夹安定性影响较大。因为这种膨胀集中在一些颗粒较大的钢渣内部，膨胀不均匀，易使材料崩解。尽管热焖法制备的1号钢渣0.6～1.18mm粒级的粉化率较大，但对试饼的沸煮安定性影响不大，对雷氏夹的影响较大。可以认为，细颗粒的膨胀比较均匀，因此对基层的破坏也应不大。

6.2 钢渣-粉煤灰复合路面基层材料的研究

钢渣与粉煤灰的密度相差较大，钢渣的密度为$3.22\times10^3kg/m^3$，粉煤灰的密度为$1.92\times10^3kg/m^3$。钢渣-粉煤灰中钢渣的比率对钢渣-粉煤灰路面基层材料的干密度影响较大。本试验采用六种不同比率的钢渣-粉煤灰做了重型击试验，其最佳含水率和最高干密度如图 6-1 所示。

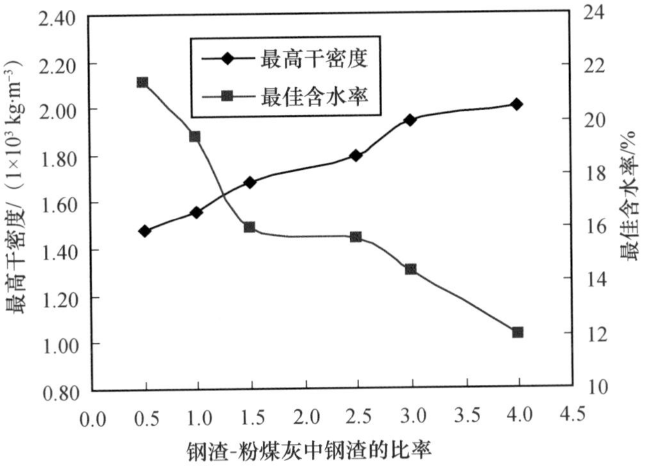

图 6-1　钢渣-粉煤灰中钢渣的比率对击实性能的影响

从图 6-1 可以看出：当钢渣-粉煤灰中钢渣的比率增加，最高干密度增高，最佳含水率降低，这主要是因为钢渣密度高且颗粒大，比表面积比较小，增高了密度，降低了需水量的原因。

钢渣-粉煤灰路面基层材料的强度形成依赖于钢渣的水化硬化和粉煤灰与钢渣之间的火山灰质反应，两者之间的比例对强度的影响较大。磷石膏对水化反应有较好的硫酸盐激发作用，磷石膏对钢渣-粉煤灰的强度也有明显的激发作用，在钢渣-粉煤灰中加入 2. 5%、5. 0% 的磷石膏，将不同配比的混合料按最佳含水率加水，压制成 98% 的压实度的试件，其无侧限抗压强度如图 6-2、图 6-3 所示。

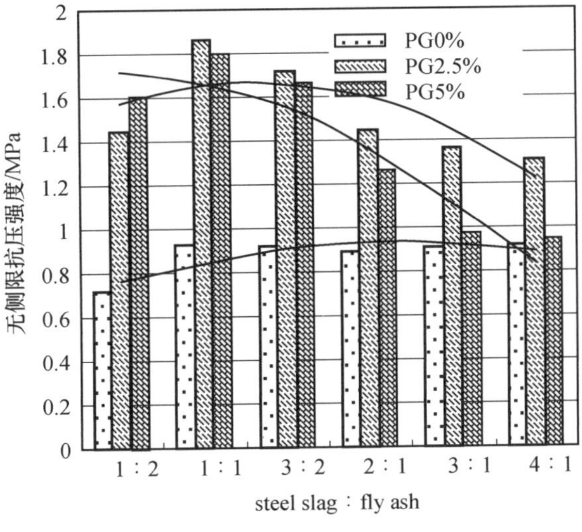

图 6-2　SS-FA-PG 的 7d 强度

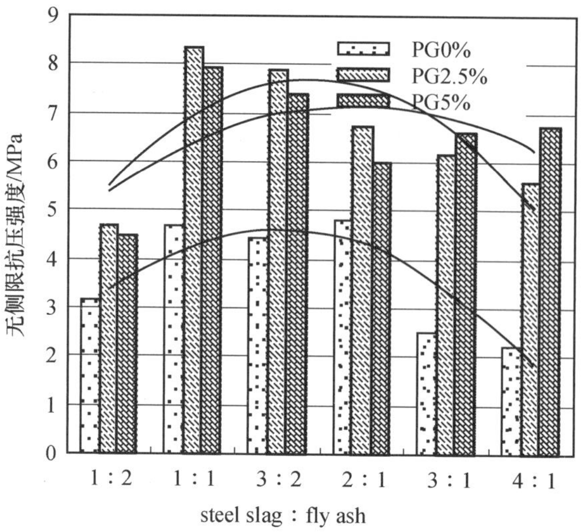

图 6-3　SS-FA-PG 的 28d 强度

研究表明：SS-FA-PG 的早期强度尽管不高，但钢渣-粉煤灰路面基层材料 7d 到 28d 强度的增进率高。从 7d 和 28d 强度的变化趋势来看，随着钢渣与粉煤灰比例的增加，钢渣-粉煤灰路面基层材料的强度出现先增高后降低的趋势。当钢渣与粉煤灰的比例为 1：1 时强度最高，此时 7d 强度可达到 0. 92MPa。优配比为钢渣与粉煤灰比例在 1：1～3：2。在钢渣-粉煤灰中加入一定量的磷石膏，对 7d 和 28d 强度都有明显提高，磷石膏的最佳掺量为 2. 5% 时强度增高最大，最佳配比的 7d 强度可以达到 1. 86MPa，28d 强度达到 8MPa 以上，强度高于普通的水泥稳定粒料。因此，SS-FA-PG 路面基层材料的最优配比为钢渣：粉煤灰 =1：1、磷石膏掺量为 2. 5% 。可以适当提高钢渣的用量到钢渣：粉煤灰 =3：1。

6. 3　钢渣-粉煤灰路面基层材料的力学性能

6. 3. 1　钢渣-粉煤灰路面基层材料的强度递延

将钢渣-粉煤灰路面基层材料与常用的几种路面基层材料，如水泥稳定碎石、二灰稳定碎石、灰土碎石、石灰土、二灰土在相同条件下的长期强度进行对比，图 6-4 所示是 SS-FA-PG 和几种常用基层材料的长期强度发展情况。

由于钢渣中细颗粒具有很强的水硬性，SS-FA-PG 表现出很高的早期强度，钢渣-粉煤灰路面基层材料的 7d、28d 强度仅低于水泥稳定碎石的强度。SS-FA-PG 中粉煤灰具有很强的火山灰质活性，提供了很高的后期强度，到90d后其强度超过了水泥稳定碎石的强度。和其他材料相比，其强度在7d到28d之间增长最快，28d后的强度增长比水泥稳定类稍快。其配合比设计的强度标准可参照二灰碎石的强度标准并适当提高。

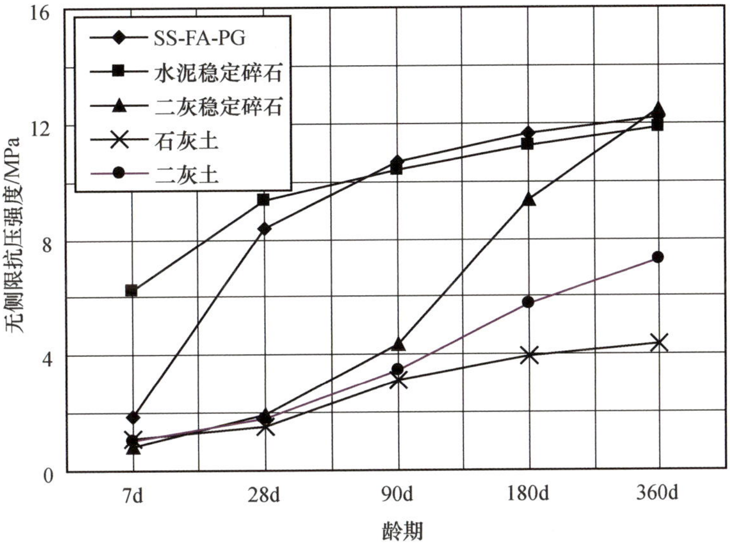

图6-4　SS-FA-PG路面基层材料不同龄期的强度发展规律

6. 3. 2　钢渣-粉煤灰路面基层材料的其他力学性能

SS-FA-PG路面基层材料的强度和普通路面基层相比有了很大的提高。为探讨SS-FA-PG用作路面基层的可行性，将SS-FA-PG与水泥稳定碎石、二灰稳定碎石、二灰土石、灰土相比做劈裂抗拉强度和回弹模量实验[68]，同《公路沥青路面设计规范》（JTGD 50—2017）中的几种路面基层材料的劈裂抗拉强度和回弹模量设计值进行了对照，试验结果列于表6-2。

表6-2　SS-FA-PG路面基层材料的力学性能

基层材料种类	劈裂抗拉强度/MPa		弹性模量/MPa	
	试验结果	设计值	试验结果	设计值
钢渣-粉煤灰	0. 82	—	1987	—
水泥稳定碎石	0. 95	0. 4～0. 6	2159	1300～1700
石灰-粉煤灰-碎石	0. 79	0. 5～0. 8	1902	1300～1700
石灰-粉煤灰土	0. 57	0. 2～0. 3	856	600～900
石灰稳定土	0. 36	0. 2～0. 25	798	400～700

SS-FA-PG 的劈裂抗拉强度和回弹模量远高于石灰土和石灰-粉煤灰土的，和常规的细粒土类路面基层相比具有较大的提高。SS-FA-PG 的劈裂抗拉强度和回弹模量略低于水泥稳定碎石的，比二灰稳定碎石的略高，完全可以用于高等级公路的基层底基层，其回弹模量的设计值可取 1300 ~ 1700MPa，劈裂抗拉强度的设计值可取 0.5 ~ 0.8MPa。

6.4 钢渣-粉煤灰路面基层材料的强度形成机理

在 SS-FA-PG 路面基层材料中没有另外加入水泥和石灰，依靠钢渣、粉煤灰和磷石膏之间的相互作用，形成具有一定强度的路面基层材料。本节研究了 SS-FA 和 SS-FA-PG 系统的水化情况和强度形成特点。钢渣中含有一定数量的水泥熟料矿物 C_3S、C_2S 和少量 C_3A、C_4AF，具有相当强的反应活性，钢渣首先与水发生水化水解反应，生成具有胶凝性的水化产物 C-S-H 和 $Ca(OH)_2$ 晶体、水化铝酸钙等[114,128]。

从图 6-5（a）可以看到，SS-FA-PG 中粉煤灰表面出现了一些比较明显的水化产物，可以清楚地看到粉煤灰表面被三硫型水化硫铝酸盐所覆盖，原本光滑的粉煤灰玻璃珠表面被侵蚀，其中的活性 SiO_2 和 Al_2O_3 溶出而形成水化硅酸钙和三硫型水化硫铝酸钙等产物，表面变得凸凹不平。粉煤灰与钢渣水化以及钢渣中 f-CaO 消解生成的 $Ca(OH)_2$ 晶体之间发生了水化反应，颗粒表面也出现较多的细小水化产物。

从图 6-5（b）可以看到，钢渣颗粒之间形成了比较致密的水化物，水化产物将钢渣颗粒很好地胶结在一起。

从图 6-5（c）可以看到，磷石膏表面光滑，磷石膏溶出的 SO_4^{2-} 离子会和钢渣及粉煤灰反应，可以看到周围有明显的 AFt 生成，但 AFt 一般不会覆盖在磷石膏颗粒的表面。

从图 6-5（d）可以看到，SS-FA-PG 材料内部水化产物和未水化颗粒相互搭接，互相穿插，形成了一个相互交织的整体，因此，SS-FA-PG 路面基层材料具有较高的强度和较好的整体性。

在 SS-FA-PG 系统中，钢渣中的硅酸钙水化产生的水化硅酸钙以及钢渣中的少量的铝酸钙、铁铝酸钙会和石膏、水反应，生成三硫型水化硫铝酸钙（AFt），提供了 SS-FA-PG 的早期强度。随着反应的进行，粉煤灰会和钢渣的水化产物 $Ca(OH)_2$ 进行火山灰质反应，产生水化硅酸钙，在石膏的参与和激发下，也生成大量的水化硫铝酸钙（AFt），促使反应持续发展。这些水化产物之间相互连接和穿插，形成了比较紧密的结构连接，因此 SS-FA-PG 具有很高的强度和整体性。

图 6-5 SS-FA-PG 路面基层材料的微观结构

（a）粉煤灰 28d 龄期的水化情况；（b）钢渣 28d 龄期的水化情况；

（c）磷石膏 28d 龄期的表面情况；（d）路面基层 28d 龄期的结构

6.5 小结

（1）利用钢渣的良好水硬活性、粉煤灰的火山灰活性和微集料效应以及磷石膏的硫酸盐激发作用，设计了 SS-FA-PG 系列路面基层材料。

（2）尽管通过热焖手段可使 f-CaO 部分消解，使钢渣预先崩解，但钢渣的安定性问题始终难以解决。本文采用沸煮的方法解决钢渣的安定性问题。

（3）钢渣掺量增加，其最高干密度增高，最佳含水率降低。SS-FA-PG 的最优配比为钢渣：粉煤灰 =1：1、磷石膏掺量为 2.5%。

（4）钢渣-粉煤灰路面基层材料 7d 到 28d 的强度增进率大，长期强度介于水泥稳定碎石和二灰稳定碎石之间，可用于各等级公路基层底基层的修筑。

（5）钢渣-粉煤灰路面基层材料的劈裂抗拉强度及回弹模量介于水泥稳定碎石和二灰稳定碎石之间。在路面设计时回弹模量设计值为 1300 ~

1700MPa，劈裂抗拉强度设计值为0.5~0.8MPa。

（6）钢渣自身的水化提供了SS-FA-PG的早期强度，粉煤灰和$Ca(OH)_2$的火山灰反应促进了强度的持续增长，磷石膏激发了强度的形成并参与反应生成AFt，对基层材料的强度和抗裂性的提高发挥了重要作用。

7 水泥-粉煤灰-活性微集料稳定碎石（C-FA-A）的研究

水泥稳定粒料在高等公路基层中的应用最为广泛，水泥稳定粒料通常由粒料土加入3%～6%的水泥组成，水泥稳定粒料中的结合料用量较少，通常处于一种骨架密实结构，其强度由粒料之间少量的水泥胶结而形成，如同“点焊”在一起的构件[26,28,35]。因此水泥稳定类路面基层的均质性和整体性差，在外力和环境变化时容易形成应力集中而开裂，施工过程中也很容易产生离析。在粒料中加入活性的粉状工业废渣，可以起到活性微集料的作用[99]，达到充分填充空隙和增强胶结的作用[138-139]，最终实现改善半刚性基层整体性的目的[140]。粉煤灰中含有大量活性SiO_2、Fe_2O_3、Al_2O_3，在碱和硫酸盐的作用下，能产生胶凝性水化产物，是一种典型的火山灰类工业废渣，在我国内蒙古自治区、山西省等地仍有大量粉煤灰得不到有效的利用。利用大量排放、分布广泛的粉煤灰加入水泥稳定粒料，制备水泥粉煤灰活性复合路面基层，不仅能有效利用粉煤灰，而且对路面基层材料的性能有很好的改善，特别是近些年碾压混凝土基层得到推广，为了达到更高的强度，基层中水泥用量过高，可以采用添加粉煤灰等火山灰性或潜在水硬性的粉状固体废弃物，不仅消纳当地固废，降低材料成本，也能大幅度提高其后期强度增长率。

7.1 水泥-粉煤灰集料路面基层

7.1.1 水泥-粉煤灰的性质

粉煤灰属典型的粉状工业固体废弃物，和天然集料相比，细度较大（大多可通过0.075mm筛），密度小（密度约2.2g/cm³，集料密度为2.6g/cm³以上），加入基层材料可以起到改善基层材料级配和调整基层材料的堆积状态与结构的作用，因此粉煤灰的加入必定对水泥稳定粒料混合料的干密度和需水量有着显著的影响。本实验采用重型击实试验标准，以1.0%的含水量为步长，对水泥稳定粒料和C-FA-A进行了对比试验，底基层取粉煤灰5%、10%、15%三个用量，水泥取3%的掺量，其击实试验结果如图7-1所示；基层混合料取水泥剂量为4%，粉煤灰取10%掺量，其击实曲线如图7-2所示。

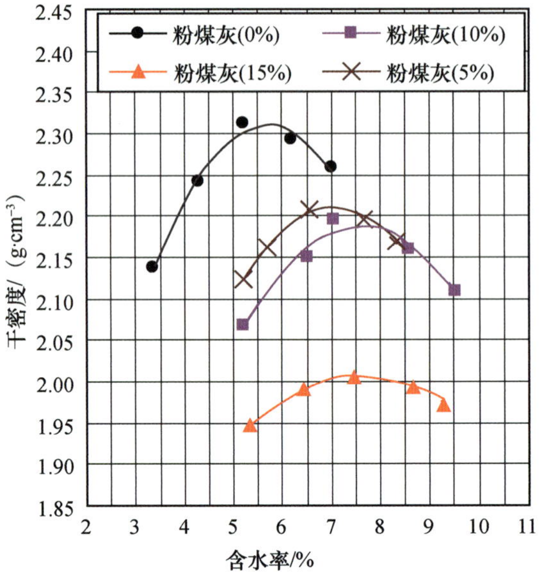

图7-1　底基层混合料含水率与干密度关系的击实曲线

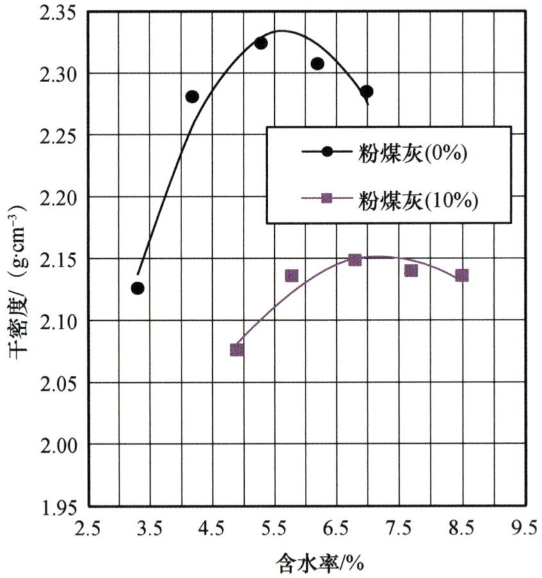

图7-2　基层混合料含水率与干密度关系的击实曲线

从以上的试验可以看出：随着含水率的增加，混合料的干密度逐渐增大，并出现最大干密度值和最佳的含水率，随着粉煤灰的用量增加，其最大干密度明显降低，最佳含水率逐渐升高。水泥稳定粒料的击实曲线比较尖锐，说明含水率对其压实性能的影响显著，不利于施工过程中对含水率的控制。粉煤灰加入后，击实曲线逐渐变得平坦，也就是说含水率的变化对干密度的影响变小，降低了基层混合料的压实度对含水率的敏感性，因此加入粉煤灰有利于路面基层材料的施工性能的提高。

7.1.2 粉煤灰掺量的优化

C-FA-A 中粉煤灰一方面填充了粒料空隙，提高了路面基层材料的密实度，有助于路面基层的强度形成；另外，粉煤灰的掺入稀释了水泥在细颗粒中固结体中的比率，理论上对基层材料强度的形成特别是早期强度不利。因此粉煤灰掺量与 C-FA-A 的强度之间关系密切，在水泥掺量为 3% 的 C-FA-A 底基层混合料中，对比粉煤灰掺量分别为 0%、5%、10%、15% 的 C-FA-A 混合料的 7d 强度，C-FA-A 混合料的压实度定为 97%，其试验结果如图 7-3 所示。

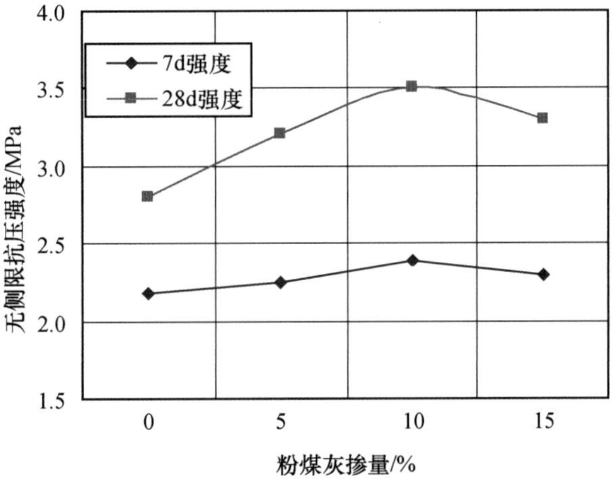

图 7-3 粉煤灰掺量对无侧限抗压强度的影响

从以上的试验可以看出：在 C-FA-A 底基层混合料中，随着粉煤灰的掺入，C-FA-A 的 7d 强度逐渐提高，在达到 10% 时强度达到最大值。通常在水泥稳定粒料基层中，以掺 10% 的粉煤灰为宜，这比一些学者的研究结果略大[135-136]。但经过多次试验粉煤灰掺量都在 10% 左右强度最高。在 15% 后强度有所降低，因此在设计 C-FA-A 时，通常粉煤灰最佳用量为 10% 左右。在集料中细颗粒含量较少时，可考虑将粉煤灰用量增加到 15%，在集料中粉粒较多时可以适当下降，在做底基层时用量适当增加，做基层时适当降低。

7.1.3 水泥掺量与 C-FA-A 的关系

水泥稳定粒料的强度随着水泥掺量的增加呈线性增长[141]。这种线性关系为水泥稳定粒料的配合比设计提供了理论依据，水泥是 C-FA-A 的胶凝材料，其水化产生的 $Ca(OH)_2$ 是粉煤灰的活性激发剂，水泥掺量对 C-FA-A 的强度将会有显著影响，本节对 C-FA-A 基层材料的强度与水泥掺量的关系进行了研究。试验结果如图 7-4 所示。

从以上的试验结果可以看出：随着水泥掺量的递增，C-FA-A 和水泥稳定粒料一样，其强度与水泥掺量之间呈现出很好的线性递增关系，可以在进行 C-FA-A 路面基层材料配合比设计时引入内插法来进行设计。从试验结果也可以看出相同水泥掺量的 C-FA-A 的 7d 强度与水泥稳定粒料相比，有明显的提高。

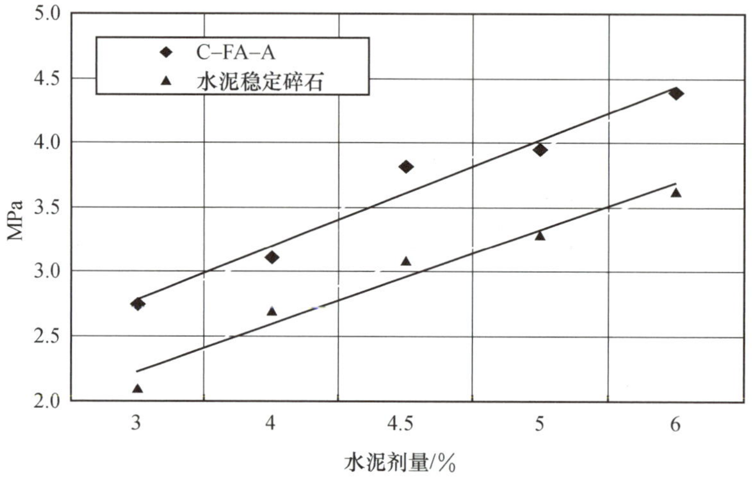

图 7-4　C-FA-A 的强度与水泥掺量之间的关系

7.1.4　磷石膏对 C-FA-A 的增强作用

磷石膏加入水泥粉煤灰混合料中后，可以减缓水泥的凝结，加快水泥与粉煤灰之间的火山灰反应，可以起到增加水泥稳定粒料的强度的作用。在 C-FA-A 中加入一定量的磷石膏，和未加磷石膏的水泥稳定粒料相比。其试验结果见表 7-1。

表 7-1　磷石膏对水泥稳定粒料的增强作用

试验号	配比	击实结果		7d 强度/MPa		
	水泥：磷石膏：粉煤灰砂砾：石屑	最大干密度/($g \cdot cm^{-3}$)	最佳含水量/%	R_{7d}	C_v	R_{ir}
4-1	3：0：10：72：18	2.16	6.0	2.70	10.60	2.30
4-2	4：0：10：72：18	2.17	6.5	3.21	5.70	2.91
4-3	5：0：10：72：18	2.18	7.0	3.73	4.50	3.45
4-4	3：3：10：72：18	2.15	6.5	3.51	5.60	3.19
4-5	4：3：10：72：18	2.16	6.7	4.22	6.70	3.78
4-6	5：3：10：72：18	2.17	7.5	4.67	5.21	4.23

从以上的试验可以看出：加入 1% 的磷石膏以后，C-FA-A 的强度有

较明显的提高。在有磷石膏资源的地方，采用磷石膏增强水泥粉煤灰混合料是一条技术经济性很好的途径。但磷石膏在 C-FA-A 拌和过程中直接加入将不利于混合料的拌制的均匀性，可以采用在水泥生产过程中加入或将磷石膏与粉煤灰预拌和的方式加入。

7.2 C-FA-A 的性能

7.2.1 强度递延

将 C-FA-A 和二灰稳定粒料和水泥稳定粒料对比，探讨了 C-FA-A 的强度递延规律，试验所用的粒料是级配辉绿岩碎石，强度随时间的增长情况如图 7-5 所示。

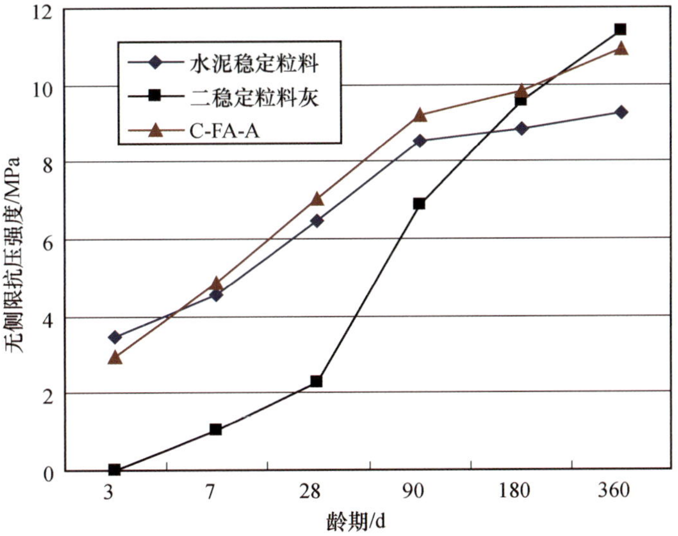

图 7-5 C-FA-A 的强度递延规律

试验结果表明：C-FA-A 的早期强度和水泥稳定粒料相当，远高于二灰稳定粒料。其 3d 强度略低于水泥稳定粒料，但 7d 强度就比水泥稳定粒料高，二灰 3d 尚不能形成强度。C-FA-A 在 90d 以内强度高于水泥稳定粒料和二灰稳定粒料，只是在 180d 后强度略低于二灰稳定粒料。C-FA-A 强度发展稳定，水泥水化所产生的 $Ca(OH)_2$ 和粉煤灰发生火山灰反应生成胶凝性的水化产物，可以进一步提高 C-FA-A 的后期强度。因此可以克服二灰类材料的早期强度低的缺陷，同时克服了水泥稳定粒料整体性差的弱点，是水泥稳定粒料和二灰稳定粒料的替代品，同时可以促进粉煤灰的大量综合利用，具有一定的推广应用的价值。

7.2.2 力学性能

本节将 C-FA-A 和常用的几种稳定粒料路面基层材料：二灰稳定砂砾、二灰稳定碎石、水泥稳定砂砾、水泥稳定碎石的力学性能进行了对比，其 180d 的劈裂强度和回弹模量见表 7-2。试验参照《公路工程无机结合料稳定材料试验规程》（JTG E51—2009）进行，几种路面基层材料的劈裂强度和回弹模量设计值引自《公路沥青路面设计规范》（JTG D50—2017）。

表 7-2 几种稳定粒料的力学性能

基层材料种类	配比	龄期/d	劈拉强度/MPa		回弹模量/MPa	
	石灰（水泥）：粉煤灰：粒料		实测值	设计值	实测值	设计值
二灰稳定砂砾	6：0：14：80	180	0.675	0.6～0.8	3079	1300～1700
二灰稳定碎石	6：0：14：80	180	0.712	0.5～0.8	3123	1300～1700
水泥稳定砂砾	4.5：0：0：100	90	0.647	0.4～0.6	2521	1300～1700
水泥稳定碎石	4.5：0：0：100	90	0.700	0.4～0.6	2594	1300～1700
水泥粉煤灰砂砾	5：10：90	90	0.662	—	2812	—
水泥粉煤灰碎石	5：10：90	90	0.721	—	2485	—

90d 龄期 C-FA-A 的劈裂抗拉强度略高于水泥稳定粒料，和 180d 龄期的二灰类接近。回弹模量也介于两者之间，因此 C-FA-A 路面基层材料可以以 90d 龄期的回弹模量和劈裂抗拉强度作为设计指标，其设计取值可以参照水泥稳定粒料进行选取。

7.3 水泥-粉煤灰的强度形成机理

水泥稳定粒料中强度的形成依赖与水泥的水化产物的胶凝作用使得粒料稳定形成整体，但稳定整体中结合料数量少，粒料之间的连接点少，强度尽管高，但是整体性和均质性比较差。C-FA-A 中粉煤灰不仅能起到填充稳定体大孔隙的作用，也可以发挥其“微集料效应”[128,132]，促进水泥在路面基层材料中的均匀分布。在后期，粉煤灰还会和水泥的水化产物 Ca（OH）$_2$反应生成胶凝性的水化产物，进一步增加稳定粒料的强度。本节用 SEM 对水泥稳定粒料和水泥粉煤灰 90d 的微观结构进行了观察。

从图 7-6（a）中可以看出，粉煤灰表面被一层较厚的水化物包裹，粉煤灰在 28d 出现了较明显的水化；从图 7-6（b）中可以看到，粉煤灰表面的水化产物和其他细颗粒（水化物）之间有较好的连接，在 C-FA-A 中局部也有大量 AFt 生成；从图 7-6（c）中可以看到，大量针棒状的 AFt 的生成；从图 7-6（d）中可以看出，在 C-FA-A 中水化物和集料界面处的连接比较紧密。增强了结合料对集料的握裹力，有利于强度的形成。

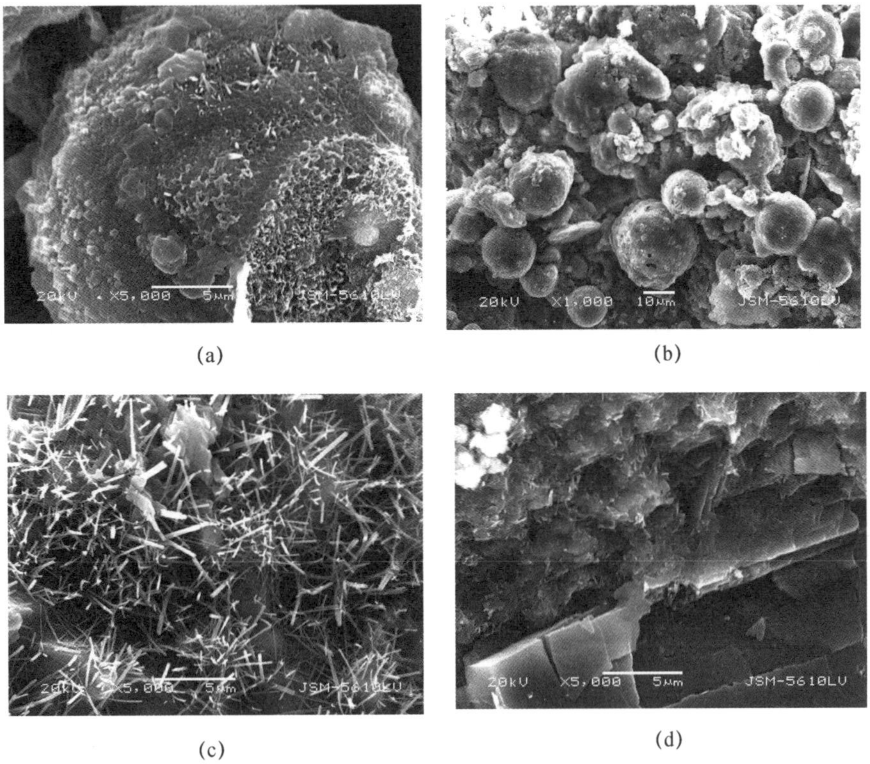

图 7-6　C-FA-A 的微观形貌

（a）细粉煤灰表面的水化；（b）水泥粉煤灰的微观形貌；

（c）水化物微观形貌；（d）集料和水化物界面

在水泥稳定粒料中，除了水泥的水化以外，水泥和粒料中的细颗粒也会和水之间发生一定的化学反应，例如，水泥水化产物会和 $Ca(OH)_2$ 黏土矿物中的活性 SiO_2 和活性 Al_2O_3 反应生成水化 C-S-H 和水化铝酸钙。从图 7-7（a）中可以看出，黏土矿物表面和边角处已经被明显反应腐蚀，对强度也有一定的贡献，从图 7-7（b）中可以看出，水泥稳定粒料中水化产物中 AFt 的晶形比较细小，这可能和水泥稳定粒料中碱度比 C-FA-A 中碱度高有关，从图 7-7（c）中显示水泥稳定粒料中集料和水泥水化产物中的界面处裂隙比较明显，界面连接比较弱，从图 7-7（d）中可以看到，在水泥稳定粒料中有成团的黏土矿物存在，这些黏土矿物在遇水时可能形成水化膜而相互排斥，发生湿胀，而失水时会产生干缩，而在 C-FA-A 中黏土矿物一般被分散在粉煤灰中，这种湿胀干缩作用往往会被减弱。从以上的对比可以看出，C-FA-A 中粉煤灰提供了材料的后期强度的增长源，有利于基层材料微观结构的改善，另外，粉煤灰削弱了黏土类成分对路面基层材料的不利影响，改善了集料结合料之间的界面连接，因此 C-FA-A 是具有更好的强度、整体性和体积稳定性的路面基层材料。

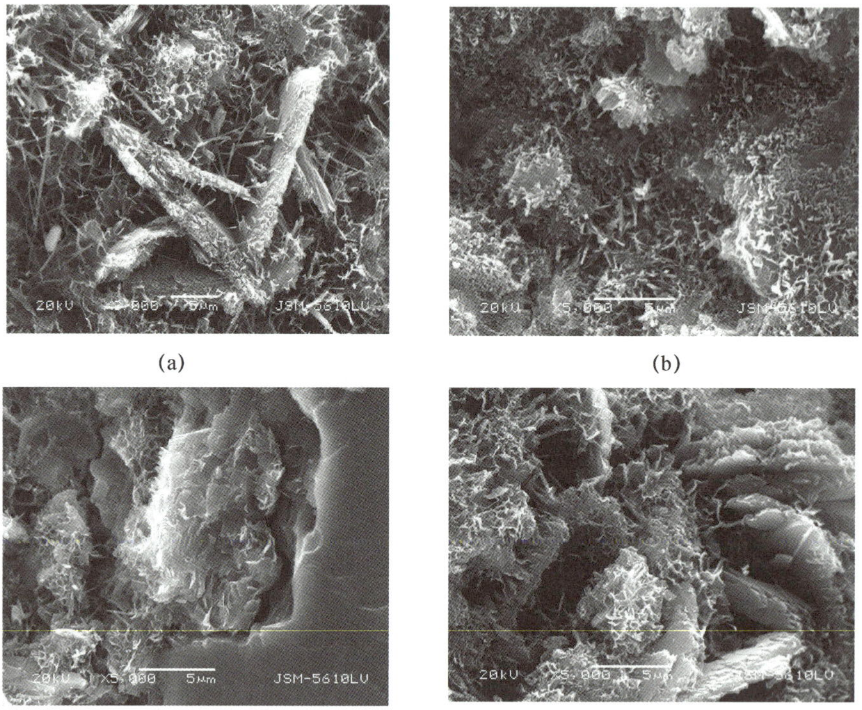

(a) (b) (c) (d)

图 7-7　水泥稳定粒料的微观形貌

(a) 水泥稳定粒料中黏土的水化；(b) 水泥稳定粒料中的水化物形貌；
(c) 水泥稳定粒料界面形貌；(d) 水泥稳定粒料中的黏土矿物的团

7.4　小结

(1) 粉煤灰加入水泥稳定粒料，可以起到微集料的作用，改善结合料对集料的裹覆作用和对孔隙的填充作用，有利于均质性和整体性的提高。

(2) C-FA-A 和水泥稳定粒料混合料最大干密度降低，最佳含水率降低，干密度和随含水率变化曲线变得平坦，也就是施工性得到改善。

(3) 粉煤灰掺量在 10% 时，C-FA-A 的强度出现最大值。随着水泥用量的增加，C-FA-A 和水泥稳定粒料的强度一样会随之线性增加。

(4) C-FA-A 的早期强度高，后期强度增长稳定，既有水泥稳定粒料强度形成快的优点，又和二灰稳定粒料一样有很高的后期强度。其劈裂抗拉强度和水泥稳定粒料接近，可以参照水泥稳定粒料进行结构层设计。

（5）粉煤灰的加入，增加了结合料数量，增强了结合料对集料的握裹作用，粉煤灰的存在也增强了胶凝性，改善了集料和结合料之间的界面黏结，有利于强度的形成，并增强了基层材料的体积稳定性。

8 ISW-RBM的结构与性能

材料的组成、结构、制备工艺和性能决定了材料最终的使用性能。用工业固体废弃物部分或全部替代天然集料和人工胶凝材料而制备的ISW-RBM，与以天然集料和人工胶凝材料组成的传统半刚性路面基层材料相比，其组成、结构和性能将具有很大的改变，其使用性能和传统的半刚性基层相比也有了极大的改善，在一定程度上实现了路面基层材料的高性能化。本章在对比ISW-RBM和传统路面基层材料的组成、结构以及组分性质的基础上，通过建立接触元强度模型，对ISW-RBM的强度构成及强度形成机理进行了研究，分析了ISW-RBM的性能与传统路面基层材料相比的改善及改善机理，并对ISW-RBM独特的自愈合特性、强度递延规律以及其抗裂性的改善进行了探索和分析。对ISW-RBM的组成、结构和性能特征的认识有助于其推广应用。

8.1 ISW-RBM的组成和结构

8.1.1 ISW-RBM的组成特点

ISW-RBM的结合料由工业固体废弃物或工业固体废弃物与少量水泥、石灰等胶凝材料组成，ISW-RBM中的集料也部分或全部被工业固体废弃物代替，这些ISW-RBM和目前使用最广泛的水泥稳定粒料相比，其组成具有较大的不同，表8-1对本文开发的几种ISW-RBM的粗集料、细集料、微集料、结合料的组成与水泥稳定粒料进行了对比分析。

表8-1 半刚性基层材料的组成特征

基层材料类型	粗集料	细集料	结合料组成	结合料量
水泥稳定粒料	天然集料	天然集料	水泥与粉、黏粒	5%～15%
L-PG-FA-A	天然集料	天然集料	石灰-粉煤灰-磷石膏	15%～25%
L（C）-FA-GS	无	粒状渣	水泥或二灰粉状颗粒	25%～35%
C（L-FA）-CA	天然集料	复合集料	水泥或石灰粉煤灰	8%～25%
C-FA-A	天然集料	天然集料	水泥粉煤灰	15%～25%
SS-FA-PG	钢渣	钢渣	钢渣末、粉煤灰和磷石膏	40%～50%

ISW-RBM的集料大多含具有活性的工业固体废弃物，一般含有一定数量粉状工业固体废弃物做矿物掺合料，可以参与胶凝材料的水化硬化，另外，由于水化硬化有较好的固结作用，工业固体废弃物集料可以

和胶凝材料共同形成了路面基层材料强度。因此，和水泥稳定粒料相比，ISW-RBM 具有数量较多的结合料，结合料的强度形成较慢，后期强度增进率较大[142-143]。结合料能很好地填充在集料颗粒的堆积孔隙中，结合料通常是持续反应的石灰-粉煤灰（-磷石膏）和水泥-粉煤灰以及钢渣-粉煤灰-磷石膏等，赋予 ISW-RBM 持续强度递延。

8.1.2 ISW-RBM 路面基层材料的工业固体废弃物效应

工业固体废弃物是 ISW-RBM 组成的重要特征，工业固体废弃物的种种固有特性，也赋予了工业固体废弃物在路面基层材料中的种种效应，这些效应也在影响 ISW-RBM 的结构和使用性能。沈旦申关于粉煤灰效应的假说[99,144]，以及后来一些学者关于粉煤灰与其他矿物掺合料的超叠效应等假说[145]，都涉及这些效应。结合前面章节对工业固体废弃物在路面基层材料中的行为的研究，笔者将工业固体废弃物在路面基层中的效应归纳为四种：活性效应、形态效应、微集料效应、协同效应。这四种效应之间是相互联系的，一种工业固体废弃物可能同时具备其中的一种或是几种效应，同样的工业固体废弃物在不同的基层材料中发挥的效应和效应程度也有差异。

（1）活性效应

能用于制备 ISW-RBM 的工业固体废弃物种类很多，因此关于其活性效应的研究也比混凝土中矿物掺合料的活性所包含的范围更为广泛和复杂，工业固体废弃物在路面基层材料中往往不是简单的填充或起骨架作用，而是会和基层材料中的水以及水中的离子，以及与之直接接触的物质之间发生反应，形成对强度的形成和发展有用的产物和结构。一般来讲，粉状工业固体废弃物活性的发挥可以起到胶凝固结作用，本文称之为活性固结效应。而粒状工业固体废弃物活性的发挥在于其形成的水化产物改善了集料和结合料之间的黏结作用，增强了胶凝材料对粒料的胶凝作用，称为活性界面效应。

（2）形态效应

在混凝土中，常常谈到的是粉煤灰的形态效应，是指粉煤灰的光滑的球珠，有利于新拌的浆体以及混凝土的流动性改善[99]。在路面基层里所指的形态效应是工业固体废弃物所具有不同形态，可以改善材料的填充性、易密性以及内摩擦作用，如在二灰中加入磷石膏后，材料的孔隙率有明显的降低，而且孔结构明显地趋于细化。可以看出，单纯的球形颗粒不利于材料的碾压密实，加入板状磷石膏颗粒后，可以提高材料内部的颗粒之间的嵌锁能力，提高材料在压实之后的密实程度。同时板状磷石膏的引入增加了颗粒之间的内摩擦力，可以对二灰类材料的强度提高起到一定的作用；另外，粉煤灰的加入有利于在拌和过程中胶凝材料分散均匀，甚至有利于基层集料中所含的黏土颗粒分散，提高路面基层混合料的均质性。可以认为在ISW-RBM中，不同形态颗粒的混合，是有利于材料压实和强度提高的。引入一定数量的粉状工业固体废弃物也改善了路面基层混合料的均质性，混合料的施工性也有很大的改善，有利于基层整体性的提高。

（3）微集料效应

天然集料（特别是比较洁净的原石破碎的碎石）中的石粉含量不够高，由于加入水泥掺量低，基层材料中的细物料（0.075mm以下）远不能填充基层材料的内部孔隙，有的集料中细物料较多，但大多数是黏土类矿物、轻物质（有机质）和云母，这些细颗粒不仅不利于强度的形成，而且会大幅度降低基层材料的抗裂性能，工业固体废弃物中的粉状物料一般没有黏土矿物的细度大（0.002mm），不会在表面形成与黏土矿物一样过厚的水化膜，因而干缩湿胀效应不明显，是一种体积稳定性好[145-147]的微集料。引入粉状工业固体废弃物可以起到充分填充材料微间隙的“微集料”效应，而且不会给体积稳定性和抗裂性带来不利影响。

（4）协同效应

协同效应是指几种不同的因素的叠加效应，往往会大于单因素效应的简单加合，两种以上工业固体废弃物的合理混合可以大幅度提高路面基层材料的性能，如在L-FA-GS的强度就远高于二灰稳定级配碎石，这是因为粉煤灰和粒状渣中的活性细颗粒之间发生的活性叠加效应所致，也是结合料活性效应与粒状渣的活性集料效应的叠加，这种叠加超过了两种类型活性效应的简单加合，而是出现了“超叠作用”[90]即本文所说的协同效应。

8.1.3 ISW-RBM的结构

路面基层材料是由不同粒径范围的集料、不同剂量的结合料（颗粒粒径通常小于0.075mm）和一定比例的水经过压实而成的一种多孔材料。通常我们可以认为0.075mm以上的颗粒是一种集料，而小于0.075的颗粒是介质，介质在基层材料中起到裹覆和分散集料的作用。当基层材料中的细颗粒（集料中的细颗粒和结合料）含量的不同，路面基层的内部分别呈现出骨架型结构、骨架密实型结构和悬浮密实型结构三种类型[26]（图8-1）。

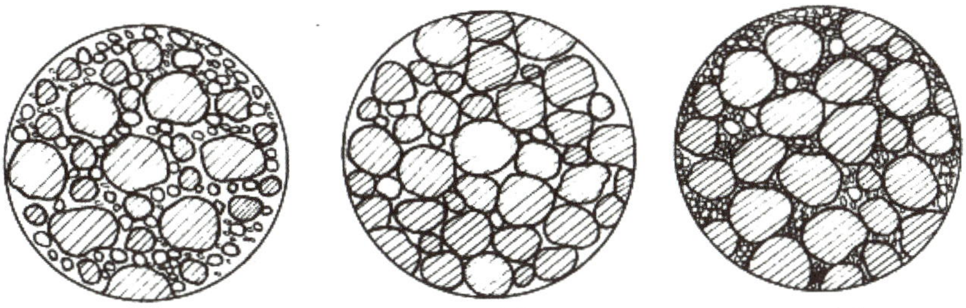

(a)　　(b)　　(c)

图 8-1　路面基层的内部结构类型

（a）悬浮密实型结构；（b）骨架型结构；（c）骨架密实型结构

本文设计的 ISW-RBM 一般含有 15% 以上的微集料和结合料，加之集料中含有的细颗粒，基层材料通常处于骨架密实型和悬浮密实型结构，而水泥稳定粒料除了含泥过高的情况下，通常处于骨架型结构。路面基层材料的空隙率通常为 15% ~20%，材料的空隙和普通混凝土相比一般较大，特别是骨架型结构路面基层材料还具有一定的透水性，而 ISW-RBM 的中大孔隙一般被结合料充分填充，是一类密实均匀的路面基层材料。

8.2　ISW-RBM 的接触元强度模型

8.2.1　路面基层材料的强度构成

路面基层材料是一类固液气三相组成的高度不均匀的多孔材料，其强度和刚度要求较低，强度和弹模也只有普通中等强度混凝土的 1/10 左右。这种低强度的半刚性多孔结构材料的强度构成也有其特殊性。路面基层材料的结合料的数量、结合料的胶结性、集料的强度、集料的棱角性、集料的嵌锁状况以及集料与结合料之间的界面黏结都会影响路面基层材料的强度。为了分析路面基层材料的强度构成及影响因素，表 8-2 列举了几种路面基层材料的强度、结合料用量与结合料的强度。

从表 8-2 可以看出：对相同的集料而言，用高强度的结合料（如水泥和水泥-粉煤灰）制备的路面基层材料的强度普遍比用石灰-粉煤灰制备的路面基层材料强度高，但基层材料和结合料的强度比（简称强度比）较低。水泥稳定级配不良的粒状渣不能形成早期强度，但用数量较多的结合料则可以形成较高的强度，特别是用石灰粉煤灰则可形成的强度达到石灰粉煤灰的 105%。对级配良好并有活性的复合集料，则由于活性集料的界面增强作用通常形成了比普通集料更高的强度，集料的良好级配与嵌锁以及一定的活性有利于基层材料的强度形成，通常用相同结合料稳定活性复合集料时具有最大的强度比。用数量较少的高强度的结合料稳定级配良好的集料可以充分发挥其凝聚力强的优势，而对级配不良的集料则需要用量较大的结合料来形成颗粒之间的良好连接，方能形成较高的强度。可以认为：路面基层材料的强度的形成，是结合料的胶结、集料的嵌锁、集料界面的黏结三方面决定的，也就是说：半刚性基层材料的强度是由颗粒之间结合的有效程度决定的。

表 8-2　结合料强度与基层材料强度的关系

基层类型	结合料强度 R_{7d}/MPa	结合料掺量/%	基层材料强度 R_{7d}/MPa	基层材料与结合料的强度比/%
水泥集料	70.5	5	4.89	6.94
水泥粒状渣	70.5	5	0（0.86）＊＊	0
水泥稳定复合集料	70.5	5	5.43	7.70
水泥粉煤灰集料	16.7	15（5）＊	5.27	31.5
水泥粉煤灰粒状渣	16.7	20（4）＊	1.99	11.9
石灰粉煤灰集料	1.09	15	1.12	102.8
石灰粉煤灰集料	1.09	20	1.05	96.3
石灰粉煤灰粒状渣	1.09	30	1.15	105.5
二灰稳定复合集料	1.09	25	1.82	167.0
石灰磷石膏粉煤灰基层	1.58	20	1.56	98.7
石灰磷石膏粉煤灰锰渣	1.58	30	1.45	91.8

备注：结合料强度指结合料在最大干密度、最佳含水率下压制成型后的7d强度，基层材料强度是典型的路面基层材料的7d强度。加＊的括弧中是水泥掺量，加＊＊的括弧中是28d强度。

8.2.2　路面基层材料的强度模型

路面基层材料的绝对强度通常只有6～18MPa，而路面基层材料的结构单元（集料、工业固体废弃物、水泥石）的强度通常都为数十MPa与数百MPa。因此路面基层材料的强度与结构单元的自身的强度的关系不大，而是与结构单元之间的接触单元的强度有关，而接触单元的强度主要依赖于接触面积以及连接点处的结合料的黏结强度（不同类型作用力的大小），以及接触颗粒间的嵌锁和内摩擦力。因此路面基层材料的强度构成可以由以下的模型来反映，作者称之为接触元模型。其强度可以由下式来反映：

$$R_0 = \sum_{i=1}^{n} R_i \cdot X_i + \sum_{i=1}^{n} f_i \cdot P_i$$

式中　R_0——材料强度；

R_i——接触点处连接强度；

X_i——接触点面积；

f_i——接触点处的内摩擦系数；

P_i——接触点处的压力。

考虑到接触点处的材料的连接强度以及接触面积的方向性，以及压力与摩擦力的方向性，材料强度可以由如下矢量来表示：

$$R_0 = (R_1, R_2, R_3, \cdots, R_i)\begin{pmatrix} A_1 \\ A_2 \\ A_3 \\ \vdots \\ A_i \end{pmatrix} + (f_1, f_2, f_3, \cdots, f_i)\begin{pmatrix} P_1 \\ P_2 \\ P_3 \\ \vdots \\ P_i \end{pmatrix}$$

得出的强度矢量在受力面方向上的投影，即可反映材料的强度大小。从以上的模型可以看出：路面基层材料的强度应是如下因素的函数：接触点面积、接触点处强度、材料的内摩擦力、压力以及接触点的方向性等。

$$f(R) = f(n, A, R, f, P, Q\cdots)$$

这个模型可以解释如下现象：虽然水泥石的强度较高，通常为70MPa，但水泥稳定粒料因为孔隙多、接触点少、强度处于1～5MPa，而石灰-粉煤灰的强度不高，通常为0.8～1.2MPa，但二灰稳定粒料结合料黏结充分，接触点多而细密，其强度仍可达到1.0～1.5MPa，强度比结合料的强度还有所增加。

从以上的分析可以看出，传统的路面基层材料——水泥稳定粒料的强度构成是少数强度很高的接触点和集料内摩擦力，ISW-RBM 则是由很多强度较低的接触点和集料内摩擦力构成，这将会赋予这两种材料不同的性能。

单位面积接触点量：

$$n = f\left(n_0 \frac{1}{d^3}, cf, Ag\right)$$

式中　n_0——结构单元量；

d——结构单元粒径；

cf——压实度，Compact factor；

Ag——棱角性。

通常 n 值越大，在应力作用下的接触点存活率会高，有利于整体性的保持。

单位面积接触点面积：

$$A = f(d^2 \cdot cf, Ag)$$

式中　d——结构单元直径；

cf——压实度；

Ag——棱角性。

接触点面积大，通常对强度是有利的，但是对整个材料的均质性而言可能会有降低，不利于整个材料抗裂性的改善。

接触点强度：

$$R = f(hd, b\cdots)$$

式中 hd——结合料水化进行程度；

b——水化物的黏结力。

材料中接触点强度有利于材料整体强度的提高，通常相同强度的基层材料中，接触点强度略高，接触点数量就会较少，对应的均质性较差，整体性和抗裂性就会降低。

ISW-RBM 和传统的路面基层相比，由于其结构内部往往有充分的微集料，其结构形式为悬浮型或悬浮密实型，因此基层材料内部结构连接中接触点的数量较多，并且均匀地分布于基层材料的结构内部。这些都赋予了这种路面基层材料结构单元良好的均质性，弱化应力集中，因此 ISW-RBM 具有很好的整体性和抗裂性。

8.3 ISW-RBM 的性能

8.3.1 ISW-RBM 的强度递延

从前面章节关于 ISW-RBM 的强度递延规律研究可以看出，ISW-RBM 的强度，早期一般赶不上水泥稳定类路面基层材料（除 C-AF-A 外），但随着龄期的递增，ISW-RBM 的强度逐渐和水泥稳定粒料接近，到 90d 以后其强度都能超过水泥稳定粒料路面基层。这与这几种不同的路面基层材料的强度形成机理相关，一般水泥稳定粒料类路面基层材料的反应分为三个层次。

（1）一次反应

一次反应主要是来自水泥或钢渣的熟料矿物的自身的水化反应以及铝酸盐和铁铝酸盐与石膏间的水化。这些反应速度较快，有明显的凝结硬化期，水化产物强度高。一次反应包括如下几种反应[133]。

$$C_3S + 5.3H \longrightarrow C_{1.7}SH_4 + 1.3CH$$

$$C_2S + 4.3H \longrightarrow C_{1.7}SH_4 + 0.3CH$$

$$C_3A + 6H \longrightarrow C_3AH_6$$

$$C_4AF + 10H \longrightarrow C_3AH_6 + CH + FH_3$$

$$C_3A + 3C\overline{S}H_2 + 26H \longrightarrow C_6A\overline{S}_3H_{32}$$

$$2C_3A + C_6A\overline{S}_3H_{32} + 4H \longrightarrow 3C_4A\overline{S}H_{12}$$

$$C_4AF + 3C\overline{S}H_2 + 30H \longrightarrow C_6A\overline{S}_3H_{32} + CH + FH_3$$

$$2C_4AF + C_6A\overline{S}_3H_{32} + 12H \longrightarrow 3C_4A\overline{S}H_{12} + 2CH + 2FH_3$$

$$C_3A + 3C\overline{S}H_2 + 26H \longrightarrow C_6A\overline{S}_3H_{32}$$

水泥熟料矿物的一次反应通常为路面基层提供了较高的早期强度。对基层材料早期的性能有利。但是研究也表明这类反应的产物具有比较高的钙硅比，和一定量的 CH，化学稳定性较差[133]，不利于强度的保持和发展。

（2）二次反应

在水泥稳定粒料中，二次反应的发生量少，主要是水泥水化产生的 Ca（OH）$_2$和混合材中的活性 SiO_2和活性 Al_2O_3反应，另外，天然集料中含有的黏土矿物的活性 SiO_2和活性 Al_2O_3反应也会和 Ca（OH）$_2$反应，由于黏土矿物水化膜很厚，反应后产物之间的连接少，因而对强度的贡献量不大。

在 ISW-RBM 中，水泥水化产生的 Ca（OH）$_2$以及石灰中的Ca（OH）$_2$还会和粉煤灰等粉状活性废渣中的活性 SiO_2 和活性 Al_2O_3 反应[142-146]，生成水化硅酸钙和水化铝酸钙，形成的反应的产物可以和一次反应产物紧密结合[143-146]，起到大幅度提高强度的作用；另一方面将对力学性能发展不利的 CH 晶体转化成强度组分 C-S-H 凝胶，此 C-S-H 凝胶多存在于水泥水化的 C-S-H 凝胶的孔隙之中，且未反应的 CH 层状物在 C-S-H 凝胶之间穿插生长或嵌入凝胶（故也可称之为化学填充），从而大大提高水泥石结构密实度。

在工业废石膏大量存在时，石膏、活性 Al_2O_3 会和 Ca（OH）$_2$反应生成 AFt，在强度形成和体积稳定性方面有着重要作用[114]。在 ISW-RBM 中，由于活性 Al_2O_3成分含量高，钙离子和硫酸根充足，碱度合适[114,149]，ISW-RBM 体系和水泥浆体相比空隙比较多，为 AFt 的生长提供了足够的空间，因此 ISW-RBM 中的 AFt 数量多，发育充分，成长针棒状形貌，起到交叉护穿的作用，提高了材料内部的接触元的有效性。

（3）界面反应

水泥石和集料之间会出现明显的界面过渡区，利用 SEM 对水泥稳定粒料的界面过渡区进行了观察，可以看到明显比较疏松的界面区。但由于天然集料大多表面致密，反应活性差，因此其界面处的反应较少。活性的工业固体废弃物会和石灰以及水泥水化产生的 Ca（OH）$_2$反应，这些反应有利于结合料和集料之间连接力的提高，界面处会不再出现明显定向作用而产生的裂隙及疏松区域[131]，界面反应起到界面增强的作用。

由于 ISW-RBM 中往往存在二次反应和界面反应，而这两类反应一般较慢，这两类反应的缓慢进行有利于路面基层材料的后期强度的持续增长。因此，ISW-RBM 具有很稳定的强度递延率和较高的绝对强度。

8.3.2 ISW-RBM 的自愈合性能

生物体普遍存在着自愈合和自修复的现象启发了混凝土科学工作者研制自修复混凝土。自修复混凝土就是模仿生物组织对受创伤部位能自动分泌某种物质，从而使受创伤部位愈合的机理，在混凝土中掺入某些特殊的组分，如内含胶粘剂的空心胶囊、空心玻璃纤维或液芯光纤，使混凝土材料在受到损伤时部分空心胶囊、空心玻璃纤维或液芯光纤破裂，胶粘剂流到损伤处，使混凝土裂缝重新愈合[150]。Day C. M[151]将装入化学药品的多孔玻璃纤维放置在混凝土中，如果混凝土发生破裂，空心玻璃纤维就会破裂，释放出一种胶粘剂流向开裂处，阻止进一步的破裂。其实，水泥材料都有一定的自愈合能力，如水泥颗粒粗[152-153]，出现裂缝损伤时内部未完全水化的水泥则可以继续水化，使裂缝愈合。但现代水泥细度不断提高，水泥稳定基层中水泥用量低，水泥颗粒能在一年内几乎消耗殆尽，因此水泥稳定粒料的“自愈力”较差。本文设计了系列的实验对比 ISW-RBM 和传统的路面基层材料——水泥稳定粒料的自愈合特性，实验结果如图 8-2 ~ 图 8-3 所示。

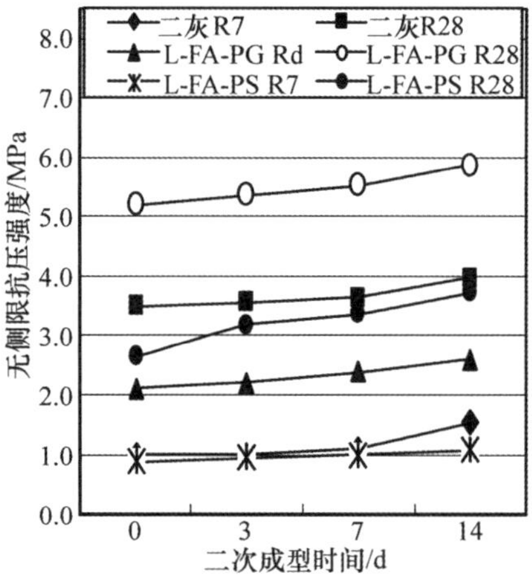

图 8-2 二次成型后 ISW-RBM 的强度

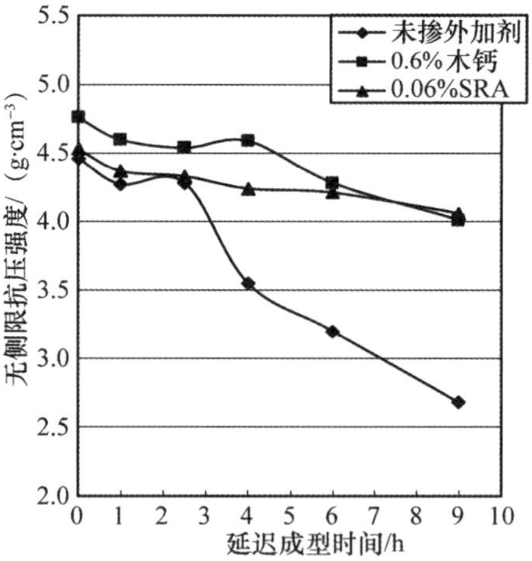

图 8-3 延迟成型后水泥稳定粒料的强度

ISW-RBM 经过养生、破坏、二次成型后强度仍可以正常发展，而且其 7d 和 28d 强度还高于一次成型的强度，表现出很好的自愈合特性，而水泥稳定粒料则在几小时的延迟成型后强度就有很大的损失，即使加入缓凝剂，其强度也不可能达到未延迟时的强度，其自愈合能力很差。

这是因为 ISW-RBM 的强度形成很慢，在经过破坏后已经形成强度的反应物不多，胶凝作用的损失小，而且经过破碎后一些未反应的活性点被暴露出来，有利于反应的继续进行，因此其强度反而有所提高。另外，ISW-RBM 的接触点多而且强度不高，这种比较弱的结合有利于强度的恢复。水泥的水化反应快，延迟成型后，一些已经形成的胶凝水化产物丧失了胶凝作用，而水泥稳定粒料的接触点少，接触点强度较高，一旦破坏很难再恢复。

8.4 ISW-RBM 的抗裂性研究

8.4.1 ISW-RBM 实体工程的抗裂性

ISW-RBM 由于其组成结构以及强度形成过程的特点，在工程实际中表现出良好的抗裂性：某国道的 L-FA-PG 稳定砂砾路面基层、某高速公路 A 的 L-FA-PG 稳定碎石路面基层、某高速公路 B 的 C-FA-A 路面基层都表现出很好的抗裂性，其裂缝产生时间晚，一般在铺上层之前皆未出现裂缝，裂缝产生量少，一般的水泥稳定类路面基层在 20 ~ 30d 会产生比较密集的裂缝，每隔 5 ~ 8m 即会产生一条裂缝。而水泥粉煤灰、石灰-磷石膏-粉煤灰-砂砾等 ISW-RBM 基层通常是每隔 40 ~ 150m 才产生一条裂缝。

L-FA-PG-A 底基层外观如图 8-4 所示。图 8-5 所示是水泥稳定粒料的对比段的外观。L-FA-PG-A 路面基层外观平整致密，基本无离析现象，整体性好。直到摊铺下基层为止无明显裂缝出现。

在某高速 C 的路面底基层、下基层、上基层采用的 C-FA-A。从使用的效果来看，C-FA-A 基层的整体性好，表面平整致密。图 8-6 和图 8-7所示是某高速公路 C 的水泥稳定粒料基层的表面局部松散离析和 C-FA-A 上基层的表面形态。

图 8-4 L-FA-PG-A 底基层外观

图 8-5 水泥稳定粒料底基层外观

图 8-6　普通水泥稳定粒料的局部离析

图 8-7　水泥粉煤灰粒料致密的表面

集料级配稳定性对水泥稳定粒影响较大，因为水泥稳定粒料中只有3% ~5%的水泥作为结合料来黏结粒料，如果级配偏粗，过少的水泥不足以使空隙率过大的集料有良好的黏结，因此水泥稳定粒料中粗集料过分集中的部位往往会严重离析。C-FA-A 中的粉煤灰可以充当结合料和微集料，对粗集料有较好的裹附作用，级配的很小不稳定不会引起离析现象，因此可以认粉煤灰对减少水泥稳定粒料的离析有明显的改善作用，同时大幅度减少了基层的开裂。

8.4.2　ISW-RBM 的抗裂机理

基层材料是一种连续的整体性板状的结构材料，在路幅方向受到明显的自限制作用（self-restraining），当收缩应变超过临界值时，就会产生横向裂纹，是基层材料的主要裂缝[26,35]。在材料的内部还受到集料的限制作用，当基层材料内部成分收缩超过一定的范围时，邻近集料表面的浆体就可能脱离集料的表面，在基层内部产生微裂纹，成为裂缝产生和扩展的源头。ISW-RBM 良好的抗裂性来自如下几方面的原因：

（1）补偿收缩

在 ISW-RBM 的强度形成过程中，通常有大量 AFt 的形成，AFt 的生成一般会伴随固相体积的明显增加，能弥合基层内部的微观裂缝，另外，这种固相体积的增加可以补偿路面基层的干缩和温缩所产生的收缩应变[145]，对基层材料的裂缝的产生也具有抑制作用，而且 ISW-RBM 的强度形成慢，有利于应力的松弛与释放。

（2）接触元分布均匀

水泥稳定粒料的强度来自集料颗粒间的硬化水化浆体的“点焊”作用[16]，这些点焊部位就是强度赖以形成的接触元，由于水泥用量少，接触元一般较少，但其接触元的强度高。而固体废弃物路面基层材料的接触元较多，粒状工业固体废弃物之间有着很多细小的接触元，因此其分布广，强度较低，不易形成应力集中，可以抑制裂缝的形成和扩散。

（3）自愈合作用

ISW-RBM 和传统的路面基层材料——水泥稳定类粒料相比，具有很强的自愈合作用，当路面基层材料内部因为干缩和温缩等原因产生宏观的或微观的裂缝后，工业废弃物路面基层可以通过断裂处活性物质的进一步水化，使裂缝部分或全部愈合，避免裂缝的进一步形成和扩展，有利于路面基层材料抗裂性的提高。

（4）水化物组成的改善

在 ISW-RBM 中粉煤灰等活性组分大量存在，这些活性成分会与高碱性水化硅酸钙或 $Ca(OH)_2$ 反应生成低碱性水化硅酸钙（表现在 C-S-H 凝胶的 Ca/Si 降低），并使 C-S-H 凝胶由多孔的无定形结构转化为无孔或少孔的晶相[133,146]。因此在 ISW-RBM 中凝胶物质的水化产物和普通路面基层相比，水化胶凝材料的微观结构以及与其他组分的界面结合改善，从而使体系具有更为致密的结构特征[147]，同时由于其 C-S-H 凝胶的 Ca/Si 降低，其化学收缩和自收缩大幅度降低，对改善路面基层的抗裂性也有一定的贡献[149]。

（5）水化物的数量与增长速度

半刚性基层材料的一些层状结构物质（如黏土矿物、C-S-H 等）层间夹有大量层间水及水化离子。随着水分的蒸发，晶格间距减小，也会引起整体材料收缩。这些矿物的温度收缩系数也较大[16]。在 ISW-RBM 中，水化物数量的增长持续稳定，早期的水化物的数量较少，基层组分都具有较好的体积稳定性，对提高材料的早期抗裂性十分有利；基层在早期所处的温度湿度环境变化大，早期是基层材料抗开裂的关键时期，而后期基层处于面层的覆盖之下，温湿度相对稳定不容易产生开裂，早期良好的抗裂性减少了基层内部的微观和宏观的裂纹，抑制了后期裂纹的形成，ISW-RBM 良好的早期抗裂性也对其后期的抗裂性有明显的改善作用。

8.5 小结

（1）在 ISW-RBM 中，工业固体废弃物分别取代了传统路面基层材料中部分或全部的集料、微集料和结合料，由于工业固体废弃物特别的效应，赋予了 ISW-RBM 特殊的性能。

（2）ISW-RBM 中含有足够的结合料和微集料数量，因此 ISW-RBM

往往呈密料、悬浮两种形态，结构均匀性好。

（3）路面基层材料是一种多孔体系，本文提出的接触元理论认为：路面基层材料的强度是由接触点的强度、数量和面积决定的。ISW-RBM能形成较多的、分布均匀的接触元，具有很好的均质性和整体性。

（4）ISW-RBM 强度递延持续而稳定，而且具有一定的自愈合作用。

（5）由于 ISW-RBM 在强度形成过程中有一定的微膨胀性和自愈合作用、接触点分散而细致，其水化物的组成合理，水化物数量增长稳定。因此 ISW-RBM 在工程应用中表现出很好的抗裂性。

9 生态 ISW-RBM 的环境影响

本文研制了四系列的 ISW-RBM，和传统的路面基层材料相比，其使用性能有了明显改善，因为大量使用固体废弃物，ISW-RBM 的造价也相对普通半刚性路面基层材料有显著降低，实现了 ISW-RBM 的技术设计和成本设计。在日益关注环境的今天，材料的环境影响是材料研究的重要内容，也是材料设计的重要维度[2,7]。为了评价 ISW-RBM 的环境协调性，本章对几种组成 ISW-RBM 的主要工业固体废弃物的重金属离子溶出量及放射线元素活度进行测定，探讨了 ISW-RBM 的再循环（Recycle）途径；采用生命周期评价（LCA）的方法对 ISW-RBM 的环境影响进行了评价研究[3,154]。

9.1 ISW-RBM 的环境影响

9.1.1 工业固体废弃物中重金属溶出液浓度的测定

重金属离子是工业固体废弃物中最为重要的污染成分，重金属污染物质所具有的不可降解性决定了其污染的长期性。在不断冲刷淋溶作用下，工业固体废弃物中的重金属元素溶出浓度过大时，可能会给周围环境构成潜在威胁，并可能危害人体和其他动植物[1]。对于道路材料的重金属离子污染问题，我国目前还没有相关的规范，本节用原子吸收光谱法对粉煤灰、贵州磷石膏、湖北磷石膏、磷渣、锰渣的 EPT[155-157]溶出液中的六种重金属元素（砷、镉、铅、铬、硒、银）浓度进行了测定，试验结果见表 9-1。并与美国国家环保局（EPA）制定的《陆地处置限制法规》（*Land Disposal Restriction*）[155]中规定的重金属元素的溶出限量进行对比。

开阳磷渣中的硒元素在 224. 2ug/L，在百微克数量级。其他元素几乎没有超过 30μg/L。几种工业固体废弃物的溶出液中，重金属元素的溶出浓度都低于美国国家环保局（EPA）制定的《陆地处置限制法规》的规定[158]。另外路面基层处于面层之下，接受雨水的冲刷和淋溶作用非常少，其溶出物进入地面水和地下水的机会也更少[156-160]。因此，在路面基层中采用工业固体废弃物不会产生重金属污染。

表 9-1　工业固体废弃物中重金属元素溶出浓度（EPA 法）

样品名称	各种重金属元素溶出浓度/（μg · L⁻¹）					
	砷	镉	铅	铬	硒	银
磷渣	224.2	0.9	8.0	<1.5	6.5	22.8
锰渣	1.0	0.2	5.2	<1.5	14.1	21.5
粉煤灰	3.5	2.4	40.0	<1.5	12.3	22.1
贵州磷石膏	1.7	1.1	9.5	<1.5	12.0	17.6
湖北磷石膏	22.0	4.7	<0.3	<1.5	9.8	<10.0
溶出限量 *	5000	1000	5000	5000	1000	5000

备注：溶出限量摘自美国国家环保局（EPA）制定的《陆地处置法规》中重金属元素的相关规定。

9.1.2　工业固体废弃物中放射性元素测定

工业固体废弃物的放射性污染也是被广泛关注的问题。目前国内外尚没有道路材料的专门的放射性限量标准，参照《建筑材料放射性核素限量》GB 6566—2010（不同类型的建筑材料的放射性限量见表 9-2）对建材放射性进行了评定。本文用 γ 能谱仪对工业固体废弃物粉体[161]的 γ 谱进行分析，测量其活度，并与建筑主体材料及装饰材料的放射性标准进行了对比。建筑材料的内照射指数和外照射指数的计算式见式（9-1）和式（9-2）。

表 9-2　建筑材料放射性金属元素活度限量

建材类型	特征	使用范围	$I(Ra)$	$I(\gamma)$
建筑主体材料	—	不受限制	≤1.0	≤1.0
建筑主体材料	空心率大于 25%	不受限制	≤1.0	≤1.3
A 类装饰材料	—	不受限制	≤1.0	≤1.0
B 类装饰材料	—	一类建筑外装饰和其他建筑内装饰	≤1.3	≤1.9
C 类装饰材料	—	外装饰和室外用途	—	≤2.8

$$I(Ra) = \frac{C(Ra)}{200} \tag{9-1}$$

$$I(\gamma) = \frac{C(Ra)}{370} + \frac{C(T_h)}{260} + \frac{C(k)}{4200} \tag{9-2}$$

从几种组成 ISW-RBM 的主要工业固体废弃物的放射性活度来看，除了贵阳磷渣达不到 A 类材料标准但能达到 B 类材料标准，只有贵阳粉煤灰达不到 B 类材料标准但能达到 C 类材料标准，其余大多数可达到 A 类材料标准，全部可以达到 C 类材料的标准。除了贵阳磷渣、贵阳粉煤灰和荆门粉煤灰以外都可以达到建筑主体材料的放射性标准。ISW-RBM 路面基层处于面层之下，其产生的放射线到达路面后处于一种开放的环境中，可以和做外装饰用的建材（C 类）的放射性标准类比，以上几种工业固体废弃物按 C 类建筑材料标准要求都是合格的，这些材料的放射性指标都可以满足路面基层的使用要求，在设计 ISW-RBM 材料类型和配比时，应考虑减少高放射性废弃物的比例。因此，这些不能用于建筑主体的废渣也可安全地用于路面基层，ISW-RBM 为固体废弃物的安全利用开拓了一条新的途径。工业固体废弃物中放射性金属元素活度分析见表 9-3。

表 9-3　工业固体废弃物中放射性金属元素活度分析

样品名称	测试结果/（$Bq \cdot kg^{-1}$）			照射指数	
	C（Ra）	C（Th）	C（K）	I（Ra）	I（γ）
荆门洋丰磷石膏	33.70	4.10	0.00	0.17	0.11
贵阳粉煤灰	305.76	79.14	164.78	1.53	1.17
开阳磷石膏	105.62	2.18	0.00	0.53	0.29
荆门磷石膏	29.04	6.66	0.00	0.15	0.10
宏福磷石膏	51.42	3.43	0.00	0.26	0.15
贵阳磷渣	220.28	24.99	0.00	1.10	0.69
荆门粉煤灰	164.07	168.90	208.56	0.82	1.14

9.2 ISW-RBM 的再循环研究

9.2.1 作为水泥混合材的探讨

水泥工业为固体废弃物提供了利用场所[26,36]，ISW-RBM 通常由活性工业固体废弃物、石膏类废渣以及石灰、水泥、天然集料（大多是石灰石）等组成，ISW-RBM 的组分与混合水泥的混合材组分比较接近。因此将本文研制的 ISW-RBM 代替混合水泥的混合材制备水泥具有一定的可行性，本文对几种 ISW-RBM 作为水泥混合材和水泥缓凝剂进行了探索性实验（表 9-4）。

表 9-4　ISW-RBM 作为水泥混合材的探索实验

序号	废弃基材料层种类	废弃基层掺入量/%	矿渣掺量/%	天然石膏/%	凝结时间/（h：m）		强度（抗折/抗压）	
					初凝	终凝	3d	28d
1	空白	0	35	5	2：35	4：26	19.9	38.6
2	PG-L-FA	10	30	0	2：45	4：50	17.8	39.0
3	L-FA-GS	25	10	5	2：55	5：15	18.2	37.9

续表

序号	废弃基材料层种类	废弃基层掺入量/%	矿渣掺量/%	天然石膏/%	凝结时间/（h：m）		强度（抗折/抗压）	
					初凝	终凝	3d	28d
4	SL-FA-PG	35	0	5	2：25	4：35	19.0	39.7
5	C-FA-GS	25	10	5	2：50	5：05	18.2	38.1

备注：ISW-RBM 为废弃试件，龄期在 100d 以上。

工业固体废弃物可以代替部分或全部的粒化高炉矿渣（常规混合材）制备水泥，含石膏的 ISW-RBM 还可以被用于代替天然石膏作为水泥缓凝剂。用 ISW-RBM 制备的水泥的强度和常规原料制备水泥相差无几，可以认为 ISW-RBM 可以在水泥工业中得到循环利用。含有大量磷石膏的 L-FA-PG 类路面基层还可以代替天然石膏使用，特别是含磷石膏的 ISW-RBM 用于水泥缓凝剂在我国一些天然石膏贫乏的地方具有很显著的经济效益。

9.2.2 作为水泥缓凝剂的探讨

随着中高品位石膏资源的日益匮乏和水泥企业成本意识的增强，不少水泥企业包括石膏资源丰富的湖北省内的水泥企业逐渐把目光投向了化学石膏（即化工废石膏）。磷石膏直接用于水泥缓凝剂和天然二水石膏相比强度略有提高，但凝结时间有约 1h 的延长。早在 20 世纪 70 年代，P. K. Mehta[162]就对磷石膏作为缓凝剂进行了理论研究，采用水洗和石灰乳洗法消除磷石膏的过分缓凝问题，并取得很好的效果[163-164]，但水洗和石灰乳洗法如果不配备污水处理设施，将会产生严重的二次污染。

磷石膏作为水泥缓凝剂的另外一个问题是磷石膏是一种高含水粉体，难以直接烘干，难以准确计量配料（下料不均匀且容易堵塞下料口），因此磷石膏作为水泥缓凝剂不仅应消除其过分缓凝的问题，而且要解决其喂料的问题。L-PG-FA 路面基层材料具有一定的强度，28d 在 2.0MPa 以上，可以保证在运输过程中保持块状而不松散，可以保证喂料过程的通畅。

采用天然二水石膏、原状磷石膏、水洗磷石膏、石灰乳洗磷石膏、L-FA-PG 基层作为缓凝剂对比，用粉煤灰作为混合材磨制不同的水泥试样，测试水泥样的物理性能。配制的实验样品质量 5kg，所有样品都用 ϕ50cm × 50cm 的小磨磨 20min，筛除样品中 1.25mm 以上颗粒，水泥的配比和细度见表 9-5。

表 9-5 不同石膏制备的粉煤灰样品的组成与细度

序号	石膏种类	立窑熟料/%	粉煤灰/%	石膏/%	细度/%	比表面积/（$m^2 \cdot kg^{-1}$）
9-1	天然二水	70	25	5	2.2	341
9-2	原状磷石膏	70	25	5	1.8	348
9-3	水洗磷石膏	70	25	5	1.7	347
9-4	石灰乳洗磷石膏	70	25	5	1.7	343
9-5	PG-L-FA	70	20	10	1.6	347

经过相同的粉磨工艺后，几种样品的细度和比表面积都比较接近，可以认为易磨性比较接近。表 9-6 只不同缓凝剂制备的水泥的物理性质进行了检测结果。

表 9-6 水泥的物理力学性能

序号	标准稠度	凝结时间/（h：min）		安定性	抗折强度/MPa		抗压强度/MPa	
		初凝	终凝		3d	28d	3d	28d
9-1	25.0	3：34	4：46	合格	4.14	7.1	17.02	38.2
9-2	25.3	5：24	6：56	合格	3.64	7.6	15.21	39.2
9-3	24.7	3：45	4：52	合格	4.17	7.8	18.14	40.9
9-4	24.5	3：25	4：38	合格	4.19	7.7	17.92	40.5
9-5	24.9	3：29	4：46	合格	4.26	7.7	18.94	42.3

原状磷石膏磨制的水泥凝结时间和用天然二水石膏相比要长约 2h，早期强度降低较多，3d 强度降低近 2MPa，后期强度比后者略高。L-FA-PG 和经过水洗后磷石膏配制的水泥一样，凝结时间比原状磷石膏磨制的水泥稍短，和天然二水石膏接近，强度较天然二水石膏和原状磷石膏磨制的水泥都有一定的提高。L-FA-PG 中的可溶性磷酸根都得到中和[165]，消除了可溶磷对水泥的凝结时间的影响。可知 L-FA-PG 基层可以代替天然石膏作为缓凝剂使用。

9.3 ISW-RBM 的 LCA 研究

9.3.1 ISW-RBM 生命周期评价

在材料的生产、制备、加工、使用与再生过程中，一方面，过程要求消耗大量的各种不同类型的资源和能源，以保证过程的顺利进行；另一方面，过程进行之中由于物理变化和化学变化，必然导致排放大量的废气、废水和废渣等各种形态的污染物[20]。生命周期评价方法——LCA（Life Cycle Assessment）是20世纪90年代初兴起的一种综合评价材料环境影响的方法。起源于20世纪60年代化学过程中应用的“物质—能量流方法”。LCA可用于考察材料从提取、制造、运输、分发、使用、循环、回收、直至废弃的整个过程对环境的综合影响，这种方法后来被称为“从摇篮至坟墓”的生命周期评价技术[2,7,36]。

所谓生命周期评价技术（LCA）是一种评价某一过程、产品或事件从原料投入、加工制备、使用到废弃的整个生态循环过程中环境负荷的定量方法。具体地说，LCA是指用数学物理方法结合实验分析对某一过程、产品或事件的资源、能源消耗、废物排放、环境吸收和消化能力等环境负担性进行评价，定量确定该过程、产品或事件的环境合理性及环境负荷量的大小。本文采用LCA方法以几种典型的ISW-RBM以及我国典型的两种路面基层材料进行了平行分析，并和我们熟悉的水泥混凝土进行了对比。

由于路面基层材料的寿命周期的不确定性，因而本文对路面基层材料的环境影响评价的研究只考察胶凝材料生产、路面基层材料的摊铺两个环节的环境影响，其使用和再循环及废弃过程未进行分析，本文的ISW-RBM的环境影响评价以1m^3材料的制造构成的环境影响来评价其生命周期（LCA），本评价的主要流程如图9-1所示。

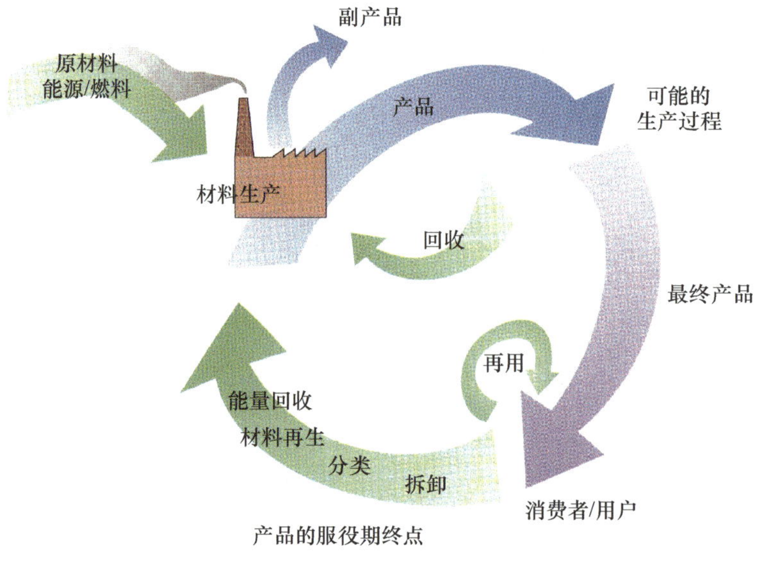

图9-1　材料生命周期示意图

LCA的评价模型是在LCA评价过程中使用的数学模型和数学方法。通常有精确模型和近似模型两种：前者有输入输出方法；后者有线性规划法和层次分析法。本文采用输入输出法对 ISW-RBM 进行了 LCA 评价。ISW-RBM 的 LCA 输入输出框架如图 9-2 所示[2,26]。

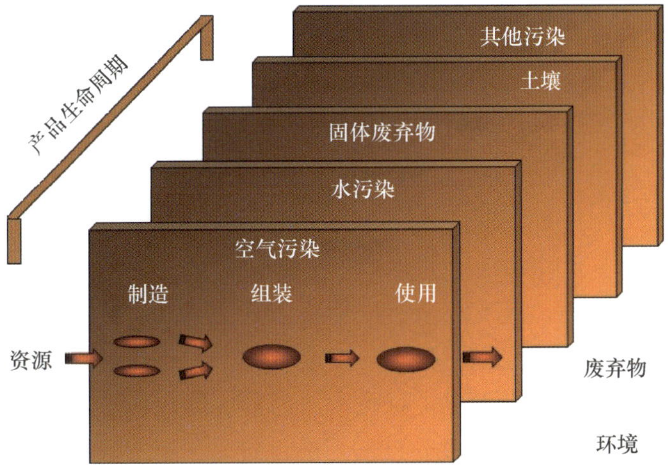

图 9-2　ISW-RBM 生命周期评价的输入输出模型

9.1 节研究表明，ISW-RBM 不会产生重金属和放射污染等，因此没有考虑其服役过程的环境影响，在本评价中也未考虑污水的产生和水资源的消耗问题，由于资料缺乏，也没有在本评价体系中讨论施工过程中的污染问题。几种材料的材料资源消耗（基层材料压实度 98%）见表 9-7。

表 9-7　几种材料的材料资源消耗（基层材料压实度 98%）

名称	干密度	配比/（kg·m^{-2}）						
		水泥	石灰	磷石膏	粉煤灰	钢渣	磷渣	集料
碾压混凝土	2.25	270	—	—	70	—	—	1910
水泥稳定碎石	2.25	107	—	—	—	—	—	2143
二灰稳定碎石	1.97		98.5	—	295.5	—	—	1576
水泥粉煤灰碎石	2.05	97.6	—	—	195.2	—	—	1757
水泥粉煤灰磷渣	1.71	68.2	—	—	273	—	1364	—
二灰稳定磷渣	1.62	—	129.6	—	518.4	—	972	—
钢渣磷石膏粉煤灰	1.53	—	—	61.2	734.4	734.4	—	—

9.3.2　ISW-RBM 的 LCA 编目分析

由于工业系统绝大多数有燃料开采、电力生产、运输等环节，因而本评价方法将这些环节称为材料生产的公用系统，其环境影响基础数据是路面基层环境影响的评价基础之一，其中运输、电力的环境影响的基础数据见表 9-8。

表 9-8 公共系统环境影响基础数据（单位：kg）

公共系统	能源	CO_2	CO	C_xH_y	NO_x	SO_2	废弃物/kg
电力/kW·h	标准煤 0.424kg	0.938	4.0×10^{-5}	7.2×10^{-5}	5.1×10^{-3}	1.12×10^{-3}	0.1023
运输（5t/km）	柴油 0.2003L	0.673	2.0×10^{-3}	1.1×10^{-3}	4.7×10^{-3}	1.36×10^{-4}	0
原煤/t	电力 13.89kW·h	—	—	—	—	—	—

水泥和石灰是混凝土、路面基层材料的通用的胶凝材料，这些胶凝材料的资源、能源消耗、环境污染排放等是路面基层材料环境影响评价的基础，也是路面基层原材料中环境影响最大的部分，收集水泥石灰的环境影响基础数据非常重要。每吨水泥的资源消耗：石灰石为1.3t，黏土为0.3t，石膏为50kg，在作环境影响评价时，暂不考虑水泥工业中利用工业固体废弃物的情况。每吨生石灰的资源消耗：石灰石为1786kg，煤耗为408kg，产生煤渣97.2kg，生石灰中含渣量为10%，水泥、石灰的环境影响基础数据见表9-9[38]。

表 9-9 水泥石灰寿命周期的环境影响基础数据（单位：kg）

生产过程	能耗电力/kW·h	煤耗/kg	CO_2	CO	C_xH_y	NO_x	SO_2	废弃物/kg
原料开采/×1t	13.89	—	—	—	—	—	—	—
水泥制造/×1t	123.2	204.4	燃煤 374 原料 511	1.15×10^{-2}	2.73×10^{-2}	1.533	0.354	40
石灰制造/×1t	42.7	408	燃煤 746.5 原料 786	6.9×10^{-2}	8.19×10^{-2}	4.599	1.062	97.2
消石灰/×1t	37.5	350.8	1422	5.93×10^{-2}	7.04×10^{-2}	3.954	0.914	187
混合料/m^3	2	—	—	—	—	—	—	—

将公用系统、胶凝材料系统、集料系统等环境影响的基础数据与材料生产过程中公用系统的使用量、材料中各成分数量等结合进行计算，可以形成材料生产系统中各类环境影响因素（资源、能源消耗和废弃物排放）的数量水平的清单，也就是进行了清单分析（也叫编目分析），清单分析的结果是材料生命周期或某子过程的环境影响因子的数据，这些各独立环境影响因子的各子过程的和就是考察范围内的环境影响水平。

在进行环境影响评价的清单分析时，材料生产过程中的运输距离以5km 计，混合料生产过程中原材料的运输过程中的运输距离以 30km 计，每立方米混合料生产的电耗为 2km。在使用工业固体废弃物的混合料中，其固体废弃物使用量不计入资源消耗量，其环境协调性评价清单分析见表 9-10。

从清单分析来看：传统的水泥稳定碎石的资源消耗和混凝土比较接近，但煤耗大幅降低，CO_2 排放也有所降低，但 SO_2 和 NO_x 有较大降低，其他的气体排放比较接近，废弃物产生量明显减少，可以认为水泥稳定类路面基层材料和混凝土相比尽管环境影响略有降低，但仍是环境影响较大的材料。

表 9-10　几种路面基层材料的环境影响的清单分析（单位：kg）

名称	资源能源	电耗/kW·h	煤耗/kg	柴油/L	CO_2	CO	C_xH_y	NO_x	SO_2	废渣/kg
混凝土	2585	68.75	89.96	2.94	313.00	0.035	0.023	0.830	0.174	17.80
水泥稳定碎石	2365.9	47.69	46.11	2.74	148.29	0.031	0.021	0.472	0.093	9.13
二灰稳定碎石	1759	29.49	49.66	2.39	175.77	0.031	0.022	0.597	0.128	21.43
水泥粉煤灰碎石	2037.3	40.95	40.77	2.50	132.97	0.028	0.019	0.418	0.082	8.07
石灰粉煤灰磷渣	356	9.41	50.30	1.98	199.82	0.028	0.021	0.608	0.150	25.19
水泥粉煤灰磷渣	132	13.16	20.25	2.07	78.89	0.022	0.015	0.216	0.039	3.99
钢渣石膏粉煤灰	1.023	2.00	1.02	1.84	7.50	0.002	0.010	0.053	0.003	0.21

两种典型路面基层材料相比，石灰粉煤灰稳定碎石的资源消耗有明显降低，电耗较低，但其 CO_2 排放量和水泥碎石相比有所提高，NO_x 和 SO_2 排放有所提高，很难判断哪种基层具有更好的环境协调性。水泥粉煤灰稳定碎石和水泥稳定碎石及二灰稳定碎石相比，则具有中等的资源消耗和电耗，具有很低的煤耗，和 CO_2 排放以及其他的材料消耗，因此可以认为 ISW-RBM 的环境冲击值较小。本文所开发的 ISW-RBM，从各方面的环境影响而言，都明显优于传统的石灰粉煤灰类路面基层材料和水泥碎石路面基层材料，特别是固体废弃物消耗量大，减轻了固体废弃物污染，资源消耗量小，是一类生态环境材料。

9.3.3 路面基层材料的环境影响评价

从以上的编目分析，尽管可以看到一些关于各种路面基层材料的环境影响情况，但远不能很好地对各种材料的环境影响做出总体的评价，在编目分析的基础上，尚需进行分类、表征、归一化和评价等评价过程，材料的环境负荷的大小与各资源环境因子以及各环境排放因子的权重系数有关。

在各种影响因子中，材料的固体废弃物产生量是比较独立的指标，各种路面基层材料的固体废弃物排放量如图 9-3 所示，可以看出，采用石灰稳定的路面基层材料的固体废弃物排放量较大，而采用水泥的较小，水泥稳定粒料的废弃物数量比混凝土小，水泥粉煤灰稳定粒料的废弃物产生量小于传统的水泥稳定粒料并远小于二灰稳定粒料，水泥粉煤灰磷渣的废弃物产生量小于水泥粉煤灰碎石，钢渣磷石膏粉煤灰路面基层材料的排放量最小。由于 ISW-RBM 是一种可以再生循环的材料，因此其完成服役过程后可以再生循环，不在考虑其废弃后的排放问题。各种环境影响因素的权重系数见表 9-11。

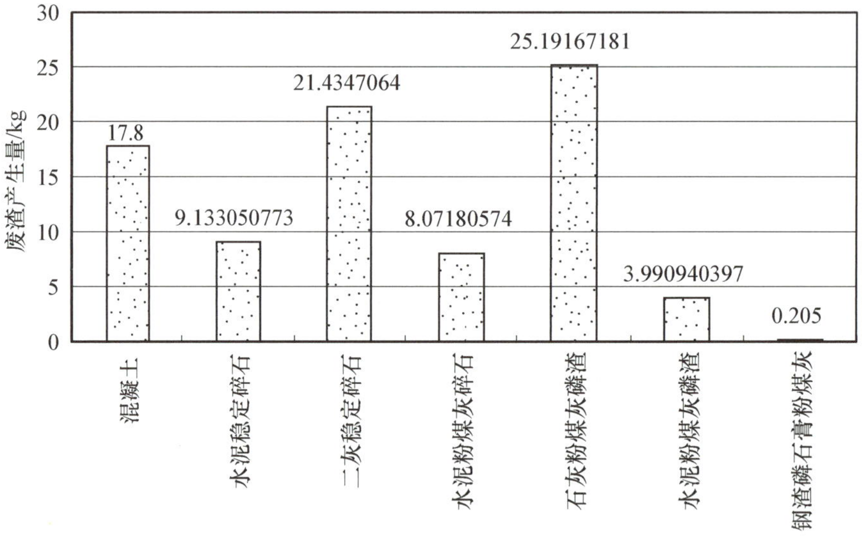

图 9-3 各种路面基层材料的固体废弃物排放量

表 9-11 各种环境影响因素的权重系数

能源因素	温室气体	酸化气化
标准煤 1kg/kg	CO_2 1kg/kg	SO_2 1kg/kg
柴油 1.571kg/kg	CO_2 kg/kg	NO_x 0.69kg/kg
原煤 0.714kg/kg	NO_x 270kg/kg	HF1.60kg/kg
电力 0.404kg/kg	HC 化合物 3kg/kg	NH_3 1.9kg/kg

将路面基层材料对环境影响的上述因素进行分类，分为资源因素、能源因素、温室气体因素和酸雨因素四类，再根据各种能源的权重系数，温室气体的权重系数以及引起环境酸化气体的权重系数，对路面基层材料的环境影响因素进行分类和归一化处理，所得的环境影响情况如图 9-4 ~ 图 9-7 所示。

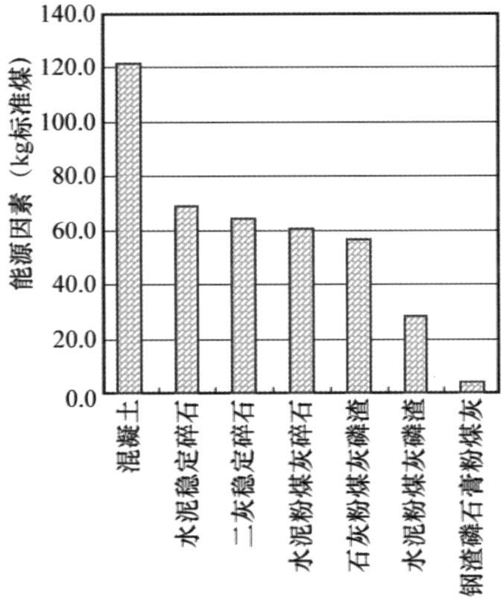

图 9-4 各种路面基层的能源消耗比较

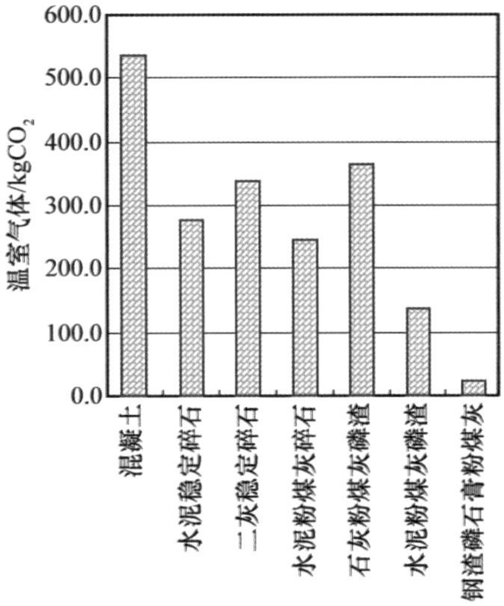

图 9-5 各种路面基层的温室气体的排放

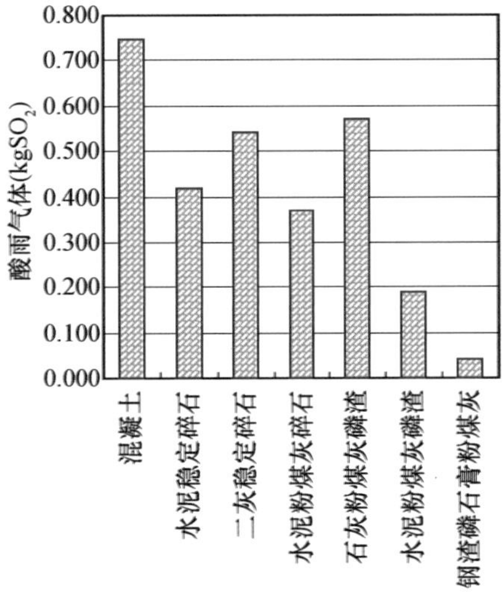

图 9-6 各种路面基层酸雨气体的排

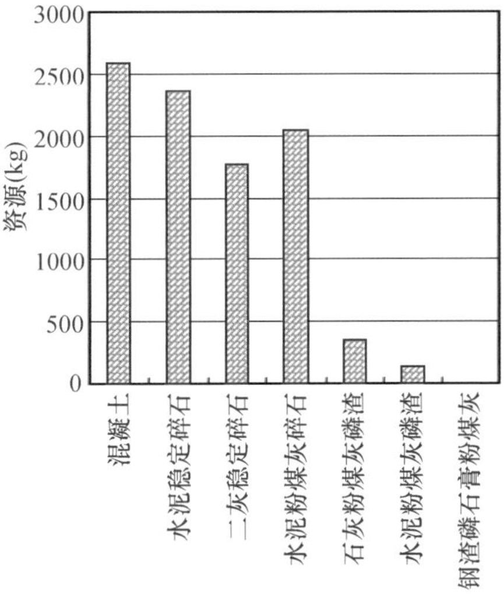

图 9-7 各种路面基层的自然资源消耗量

从以上的环境评价中可以看出：混凝土的环境影响最大，两种典型路面基层材料的环境影响总的来说水泥稳定粒料比二灰粒料具有较好的环境协调性（污染排放较小，但能耗略大）。本文设计的系列 ISW-RBM 中除 L-FA-PG 以外的温室气体和酸雨气体的产生量较传统路面基层材料略大以外，其他 ISW-RBM 环境协调性都比传统的路面基层材料要好，特别是水泥粉煤灰磷渣和钢渣磷石膏粉煤灰的环境影响远小于普通的路面基层材料。在工程应用中，应避免采用 L-FA-GS 路面基层材料而改用 C-FA-GS 代替。经过环境影响评价可以看出本文设计的系列 ISW-RBM 是一类典型的生态建筑材料。固体废弃物在路面工程中的应用可以节省自然资源，降低环境污染[166]，是一类生态建筑材料。

9.4 小结

（1）ISW-RBM 的重金属离子的溶出比较少，可以达到美国国家环保局 EPA《陆地处置限制法规》的规定，而且路面基层处于面层的覆盖之下，受雨水和地表水的冲刷、淋溶作用小，因此不会产生重金属离子的污染。ISW-RBM 的放射性核素的照射指数满足用于外装饰的 C 类材料的技术要求，处于室外的路面基层不会产生放射性核素污染。

（2）ISW-RBM 可以用作混合水泥的混合材，其强度和凝结时间与矿渣水泥相当。L-PG-FA 路面基层材料可以代替天然二水石膏，用作水泥缓凝剂，其凝结时间相近，并取代 5% 左右的粉煤灰混合材。

（3）ISW-RBM 采用工业固体废弃物部分或全部替代不可再生资源和环境影响大的胶凝材料，生命周期内环境影响小，并具有可再生循环的特点，是一类生态路面基层材料。

参考文献

［1］ ASHBY M F. Materials and the environment：Eco-Informed material choice［M］. 2nd ed. MA：Butterworth-Heinemann，2013.

［2］ 钱易．环境保护与可持续发展［M］．北京：高等教育出版社，1999.

［3］ 翁端，冉瑞，王蕾．环境材料学［M］．2 版．北京：清华大学出版社，2011.

［4］ 左铁墉，聂祚仁，狄向华，等．中国材料环境协调性评价进展［J］．材料导报，2001，15（6）：1-3.

［5］ 埃塔克曼．工业生态学［M］．徐兴元，译．北京：经济日报出版社，1999.

［6］ 霍华德·T. 奥德姆，伊丽莎白·C. 奥德姆．繁荣地走向衰退［M］．严茂超，毛志峰，译．北京：中信出版社，2002.

［7］ 山本良一．环境材料［M］．王为民，译．北京：化学工业出版社，1997.

［8］ 翁端，马燕合．环境材料发展与展望——第三届国际环境材料大会综述［J］．材料导报，1998，12（1）：1-4.

［9］ 王新友．环境材料与绿色建材［J］．建筑材料学报，1998，1（1）：88-93.

［10］ 国家高技术新材料领域专家委员会．新材料研究发展预测及对策［J］．材料导报，1999，13（1）：1-5.

［11］ 翁端．关于生态环境材料研究的一些基本思考［J］．材料导报，1999（1）：12-14.

［12］ 中国国家统计局．中国统计年鉴［M］．北京：中国统计出版社，1996.

［13］ 洪紫萍，工贵公．生态材料学［M］．北京：化学工业出版社，2001.

［14］ 芈振明．固体废弃物综合利用［M］．西安：西安交通科技大学出版社，1987.

［15］ 国家环境保护总局．1995 年中国环境状况公报［J］．环境保护，1996（7）：3-10.

［16］ 国家环境保护总局．1998 年中国环境状况公报［J］．环境保护，1999（7）：3-11.

［17］ 国家环境保护总局．2000 年中国环境状况公报［J］．环境保护，2001（7）：3-9.

［18］ 国家环境保护总局．2001 年中国环境状况公报［J］．环境保护，2002（7）：3-12.

［19］ 国家环境保护总局．2002 年中国环境状况公报［J］．环境保护，2003（7）：3-16.

［20］ 国家环境保护总局．2003 年中国环境状况公报［J］．环境保护，2004（7）：3-17.

[21] SHEN W G, LIU Y, YAN B L, et al. Cement industry of China: Driving force, environment impact and sustainable development [J] . Renewable and Sustainable Energy Reviews, 2017 (75): 618-628.

[22] TYSON S P E. Present and future use of coal ash in construction and related applications [J] . Utilization of Industrial By-Products for Construction Materials, 1993 (1): 1-14.

[23] MEHTA P K. Reducing the environmental impact of concrete [J] . Concrete International, October, 2001, 10 (3): 18-22.

[24] MOTZ H, GEISELER J. Products of steel slags an opportunity to save natural resources [J] . Waste Management, 2001, 21 (3): 285-293.

[25] 李剑超. 熟料-钢渣-粉煤灰-石膏系缓凝膨胀水泥研究 [D] . 武汉：武汉理工大学, 2018.

[26] 沙爱民. 半刚性路面材料的结构与性能 [M] . 北京：人民交通出版社, 1998.

[27] xxgk. mot. gov. cn/2020/jigou/zhghs/202006/t20200630_ 3321335. html.

[28] 林绣贤. 半刚性基层沥青路面 [M] . 北京：人民交通出版社, 1988.

[29] 沙庆林. 高等级公路半刚性基层沥青路面 [M] . 北京：人民交通出版社, 1999.

[30] 沈金安. 高速公路半刚性基层沥青路面早期病害研究. 交通部公路科研所(内部资料).

[31] 李华, 程英华. 我国水泥混凝土路面的现状与问题 [J] . 公路, 1994 (5): 1-5.

[32] 韦立峰. 水泥混凝土路面维修方案的研究 [J]. 华南理工大学学报, 1999 (6): 23-27.

[33] 姚祖康. 道路路基和路面工程 [M] . 上海：同济大学出版社, 1994.

[34] 张登良. 加固土原理 [M] . 北京：人民交通出版社, 1990.

[35] PIERRE C A. Cements of yesterday and today Concrete of tomorrow [J]. Cement and Concrete Research, 2000, 30 (5): 1349-1359.

[36] MEHTA P K. Role of pozzolanic and cementitious materials in sustainable development of the concrete industry, Proceedings of the 6th CANMET/ACI International Conference on Fly ash, Silica Fume, Slag and Natural Pozzolans in Concrete, Bangkok, 1998 : 1- 20.

[37] MONTEIRO P J M, MILLER S A, Horvath A. Towards sustainable concrete [J] . Nature Materials, 2017, 6 (7): 698-699.

[38] BIERNACKI J J, BULLARD J W, SANT G, et al. Cements in the 21st century: Challenges, perspectives, and opportunities [J] . Journal of America Ceramic Society, 2017 (100): 2746-2773.

[39] 沈卫国, 周明凯. 半刚性路面基层环境影响评价研究 [J] . 安全与环境学报, 2005 (05): 75-78.

[40] ROY W R, GRIFFIN R A. A proposed classification system on for coal ash in multi-

disciplinary research ［J］. Journal of Environmental Quality, 1982, 11（4）：563-568.

［41］SHEN W G, CAO L, LI Q, et al. Quantifying CO_2 emissions from China's cement industry ［J］. Renewable and Sustainable Energy Reviews, 2015, 50（oct）：1004-1012.

［42］SHEN W G, Is magnesia cement low carbon? Life cycle carbon footprint comparing with Portland cement ［J］. Journal of Cleaner Production, 2016（131）：20-27.

［43］http：//www. mee. gov. cn/hjzl/zghjzkgb/lnzghjzkgb/.

［44］LUXAN M P, SOTOLONGO R, DORREGO F, et al. Characteristics of the slags produced in the fusion of scrap steel by electric arc furnace ［J］. Cement and Concrete Research, 2000, 30（2）：517-519.

［45］XU X Q, ZHU H, HOU X K, et al. Study on steel slag and fly ash composite Portland cement ［J］. Cement and Concrete Research, 1999, 29（6）1103-1106.

［46］林宗寿，陶海征，涂成厚．钢渣粉煤灰活化方法研究［J］．武汉理工大学学报，2001，23（2）：4-7.

［47］米春艳，林宗寿．钢渣膨胀水泥的膨胀性能研究［J］．武汉理工大学学报，2001，23（4）：22-25.

［48］蒋元海．钢渣活化技术及其在水泥生产中的应用［J］．硅酸盐通报，1996（5）：61-64.

［49］TOSSAVAINEN, MIA, FORSBERG, et al. Leaching behavior of rock material and slag used in road construction - a mineralogical interpretation ［J］. Steel Research, 2000, 71（11）：442-448.

［50］EVERT M. Pre-treatment of MSWI fly ash for useful application ［J］. Waste Management, 1996, 16（13）：181-184.

［51］A. 凯兹迪．稳定土道路［M］．张起森，梁锡山，等译．北京：人民交通出版社，1989.

［52］中华人民共和国交通运输部．公路路面基层施工技术细则：JTG/T F20—2015［S］．北京：人民交通出版社，2015.

［53］中华人民共和国交通运输部．公路沥青路面设计规范：JTG D50—2017［S］．北京：人民交通出版社，2017.

［54］张登良，许永明，沙爱民．石灰粉煤灰稳定土的早强试验研究［J］．粉煤灰综合利用，1995（1）：17-24.

［55］ANTIOHOS S, TSIMAS S. Activation of fly ash cementitious systems in the presence of quicklime Part Ⅰ. Compressive strength and pozzolanic reaction rate ［J］. Cement and Concrete Research, 2004, 34（3）：769-779.

［56］刘红瑛，戴经梁．外加剂对低活性二灰混合料强度的影响［J］．重庆交通学院学报，2003，22（2）：58-63.

［57］张林，腾云．提高二灰混合料基层早期强度的方法研究［J］．重庆交通学院学报，1998，17（4）：49-52，58.

[58] 杨锡武，凌天清. 水泥（石灰）粉煤灰混合料路面基层研究［J］. 重庆交通学院学报，1997，16（2）：48-52.
[59] SINGH M. Treating waste phosphogypsum for cement and plaster manufacture［J］. Cement and Concrete Research，2002，32（4）：1033-1038.
[60] SINGH M，Mridul Garg. Cementitious binder from fly ash and other industrial wastes［J］. Cement and Concrete Research，1999，29（2）：309-314.
[61] 赵倩，张超. 磷石膏在半刚性基层中应用的研究［J］. 中国公路学报，1993（6）：8-13.
[62] 孙家瑛，周承功. 废石膏改性粉煤灰三渣路面基层材料的研究［J］. 新型建筑材料，2003（4）：13-14.
[63] 李玉华，吴华明. 磷石膏对石灰粉煤灰公路基层性能的影响［J］. 新型建筑材料，2002（7）：7-8.
[64] 李玉华. 磷石膏在二灰基层中的应用试验研究［J］. 江苏建材，1999（4）：8-10.
[65] 唐庆黔，凌天清. 工业废料磷石膏在路基路面工程中的应用［J］. 山东交通学院学报，2002，10（2）：49-52.
[66] 宋坚民. 钢渣沥青混合料探讨［J］. 中国市政工程，2001（4）：11-12，24.
[67] BENJAMINA S E，KHALID F A，KHAN R A. Performance of steel in ordinary Portland，fly ash and slag cement mortars during the hydration period［J］. Journal of Materials Processing Technology，2001（3）：383-388.
[68] MOTZ H，GEISELER J. Products of steel slags an opportunity to save natural resources［J］. Waste Management. 2001，21（2）：285-293.
[69] 郝培文，刘红瑛. 二灰钢渣材料收缩冻融性能研究［J］. 粉煤灰综合利用，1996（2）：13-16.
[70] 罗俊明. 水淬钢渣基层的应用［J］. 湖南交通科技，1996，22（1）：26-29.
[71] 邹伟斌，张菊花. 钢渣－矿渣－粉煤灰复合硅酸盐水泥［J］. 水泥工程，2002（5）：21-22.
[72] 李长丽，张建民. 二灰钢渣在城市道路建设中的应用［J］. 废钢铁，2002（2）：35-38，24.
[73] 杨新义，芦猛虎. 二灰电炉钢渣的路用性能试验研究［J］. 中国市政工程，2001（4）：8-10，16.
[74] 谢产庭，杨圣明. 石灰粉煤灰稳定首钢钢渣基层材料的研究与应用［J］. 市政技术，1999（4）：10-16.
[75] 潘放，赵平. 钢渣在沥青路面基层中的应用［J］. 合肥工业大学学报：自然科学版，2002，25（6）：1218-1221.
[76] 朱桂林. 中国钢铁工业固体废物综合利用的现状和发展［J］. 废钢铁，2003，（1）12-16.
[77] LIU J Z，YU B，WANG Q. Application of steel slay in cement treatecl aggregate base course［J］. Journal of Praduction，2002（269）：121733.

［78］冷发光，冯乃谦．磷渣综合利用的研究与应用现状［J］．中国建材科技，1993（3）：43-46.
［79］张保如．磷渣在水泥生产中的应用［J］．贵州建材，2000（2）：87-90.
［80］ZHANG Z Q，WANG Q，YANG J. Hydration mechanisms of composite binders containing phosphorus slag at different temperatures［J］. Construction and Building Materials，2017（147）：720-732.
［81］Li D，SHEN J，CHEN L，et al. The influence of fast-setting/early-strength agent on high phosphorous slag content cement［J］. Cement and Concrete Research，2001，31（1）：19-24.
［82］刘振清，黄卫，王建伟．废弃磷尾矿用作路面基层材料的试验研究［J］．公路交通科技，2003，20（2）：7-11.
［83］何上军．煤矸石作路面基层材料的探讨［J］．铁道工程学报，1999，（1）：114-117.
［84］XUANA D X，MOLENAAR A A A，HOUBEN L J M. Deformation behavior of cement treated demolition waste with recycled masonry and concrete subjected to drying and temperature change［J］. Cement and Concrete Composites，2016（68）：27-34.
［85］刘振华．生活垃圾焚烧废渣稳定材料的道路基层应用研究［C］．上海市公路学会第六届年会学术论文集，2003.
［86］MUKIZ E，ZHANG L L，LIU X M，et al. Utilization of red mud in road base and subgrade materials：A review［J］. Resources，Conservation and Recycling，2019（141）：187-199.
［87］XUAN D. HOUBEN J M，MOLENAAR A A，et al. Mixture optimization of cement treated demolition waste with recycled masonry and concrete［J］. Materials and Structures，2012，45（1-2）：143-151.
［88］闫涛．皂化渣稳定土路用技术性能研究［J］．公路交通技术，2002（1）：15-16，70.
［89］查进．磷渣锰渣路面基层材料的研究与应用［D］．武汉：武汉理工大学，2005.
［90］栾广玉．系统自然观［M］．北京：科学出版社，2003.
［91］张建国，陈环．工业废渣的分类［J］．岩土工程学报，1997，19（3）：113-115.
［92］王运泉，张建平．粉煤灰的组分特征及其系统分类［J］．环境科学研究，1998，11（6）：1-4.
［93］SHI C J，QIAN J S. High performance cementing materials from industrial slags—a review［J］. Resources Conservation and Recycling，2000，29（1）：195-207.
［94］沈威，黄文熙，闵盘荣．水泥工艺学［M］．武汉：武汉工业大学出版社，1991.
［95］吴中伟，廉慧珍．高性能混凝土［M］．北京：中国铁道出版社，1999.
［96］CHUNG D D L. Carbon fiber reinforced concrete for s mart structures capable of non-destructive flow detection［J］. Smart Material and Structure，1993（2）：312-316.
［97］CHUNG D D L. Carbon fiber reinforced concrete as an intrinsically smart concrete for

damage assessment during dynamic loading [J]. Journal of Ceramics Society, 1995, 78 (3): 512-518.

[98] 龙广成，王新友，肖瑞敏. 水泥基材料的环境协调性研究 [J]. 材料导报，2002，16 (8): 36-38.

[99] 沈旦申，张荫济. 粉煤灰效应的探讨 [J]. 硅酸盐学报，1981，9 (1): 57-63.

[100] 潘钢华，孙伟，张亚梅. 活性混合材微集料效应的理论与实验研究 [J]. 混凝土与水泥制品，1997，(6): 23-25.

[101] 唐明述，袁美栖，韩苏芬，等. 钢渣中 MgO、FeO、MnO 的结晶状态与钢渣的体积安定性 [J]. 硅酸盐学报，1979，7 (1): 35-46.

[102] 缪纪生，李秀英，程荣逵，等. 中国古代的胶凝材料初探 [J]. 硅酸盐学报，1981，9 (2): 234-240.

[103] TAYLOR H F W. Cement Chemistry [M]. London and New York: Academic Press, 1990.

[104] 华南工学院水泥教研组. 第六届水泥化学论文集（第二卷）：水泥水化与硬化 [M]. 北京：中国建筑工业出版社，1982.

[105] 刘崇熙，汪在芹，李玲，等. 硬化水泥浆化学物理性质 [M]. 广州：华南理工大学出版社，2003.

[106] 沙爱民，张登良. 稳定土火山灰作用的热力学原理与研究 [J]. 岩土工程学报，1995，17 (3): 39-43.

[107] EIJK R J V. Hydration of Cement Mixtures Containing Contaminants [M]. The Netherlands: Printpartners Ipskamp B V, Enschede, 2003.

[108] LOTHENBACH B, WINNEFELD F. Thermodynamic modeling of the hydration of Portland cement [J]. Cement and Concrete Research, (2006) 36209 -36226.

[109] BENNETT D G, READ D, ATHINS M, et al. A thermodynamic model for blended cements: Ⅱ. Cement hydrated phases: thermodynamic values and modeling studies [J]. J. Nucl. Mater, 1992 (190): 315-325.

[110] VIRENDRA S, NARENDRA K. Use of fly-ash in base and sub-base of roads [J]. Proceedings of the International Conference on Solid Waste Technology and Management, 1997, 7 (1): 243-249.

[111] HADI S. Field and laboratory evaluationof the use of lime fly ash to replace soil cement as a base course. Transportation Research Record. 1999, 16 (10): 270-275.

[112] SHI C J, DAY R L. Acceleration of strength gain of lime-natural pozzolan cements by thermal activation [J]. Cem. Concr. Res, 1993, 23 (4): 824-832.

[113] SHI C J, DAY R L. Chemical activation of Blended cement made with lime and natural pozzolans [J]. Cement and Concrete Research, 1993, 23 (6): 1389-1395.

[114] MA W P, BROWN P W, et al. Hydrothermal Reactions of fly ash with Ca $(OH)_2$ and $CaSO_4 \cdot 2H_2O$ [J]. Cement and Concrete Research, 1997, 27 (8): 1237-1248.

[115] KUMAR S. Fly ash-lime-phosphogypsum hollow blocks for walls and partitions.

Building and Environment, 2003, 38 (2): 291 - 295.

[116] EVERT M. Mixture of fly ashes as road base construction material [J] . Waste Management, 1996, 16, (1): 15-20.

[117] Elwan M M. Recycle of Phosphogypsum By-product in Clay Bricks [J] . Ind Ceram, 2000, 20 (1): 5-9.

[118] ONG S, METCALF J B, SEALS R K, et al. Compressive strength of various cement-stabilized phosphogypsum mixes [J] . Transportation Research Record, 1993, 24 (1) : 20-24.

[119] KUMAR S. Fly ash-lime-phosphogypsum cementitious binder: A new trend in bricks [J] . Materials and Structures/Materiaux et Constructions, 2000, 33 (1): 59-64.

[120] GARG M, SINGH M, KUMAR R. Some aspects of the durability of a phosphogypsum-lime-fly ash binder. Construction and Building Materials, 1996, 10 (4): 273-279.

[121] RUSCH K A, GUO T Z, SEALS R K. Stabilization of phosphogypsum using class C fly ash and lime: Assessment of the potential for marine applications [J] . Journal of Hazardous Materials, 2002, 93 (2): 167-186.

[122] SINGH M, GARG M. Cementitious binder from fly ash and other industrial wastes [J] . Cement and Concrete Research, 1999, 29 (3): 309-314.

[123] SINGH M, GARG M. Phosphogypsum-fly ash cementitious binder-its hydration and strength development [J] . Cement and Concrete Research, 1995, 25 (4): 752-758.

[124] LI S Q, ROY D M. Quantitative determination of fly ash in the hydrated fly ash-$CaSO_4$-Ca $(OH)_2$ system, Cem. Con. Res, 1985, 15 (3): 357-366.

[125] ROODE M V, DOUGLAS E , HEMMINGS R T. X-ray diffraction measurement of glass content in fly-ash and slags [J] . Cement and concrete Research, 1987, 17 (2): 183-197.

[126] DIAMOND S, KILGOUR C L. A procedure for the interpretation of fly-ash particle size data [J] . Material Research Society Symposia Proceeding, 1987: 10-14.

[127] MEHTA P K. Scanning elector micrographic studies of Ettringite formation [J] . Cement and Concrete Research, 1976, 6 (2): 169-181.

[128] MA W, LIU C, BROWN P W, et al, Pore structures of fly ashes activated by Ca $(OH)_2$ and $CaSO_4 \cdot 2H_2O$ [J] . Cem. Concr. Res, 1995, 25, (2) : 417-425.

[129] POON C S, KOU S C, LAM L, et al, Activation of fly ash/cement systems using calcium sulfate anhydrite ($CaSO_4$) [J] Cem. Concr. Res, 2001, 31 (6): 873- 881.

[130] 冯乃谦，丁建彤，石云兴．磷渣超细粉混凝土流动性、强度与耐久性 [J] . 低温建筑技术，1998，70 (1)：2-4.

[131] 刘宝元，吴中伟．在混凝土中掺加活性工业废渣改善界面效应和性能的研究 [J] . 硅酸盐学报，1989，17 (2)：554-560.

[132] 肖琪仲．钢渣的膨胀破坏与抑制 [J] . 硅酸盐学报，1996，24 (6)：635-640.

［133］叶贡欣．钢渣的二价氧化物相和体积安定性．水泥学术会议论文选集［M］．北京：中国建筑工业出版社，1980.
［134］王强，周予启，张增起，等．绿色混凝土用新型矿物掺合料［M］．北京：中国建筑工业出版社，2018.
［135］HASHIMOTO T，HAMAZAKI T，MASANORI S. Iron and steel slag for base course material［J］. Sumitomo Metals，，1999，50（4）：33-37.
［136］LUCIANA R，WASHINGTON P N，JORGE A P C. Electric Arc Furnace Steel Slag：Base Material for Low-Volume Roads［J］. Transportation Research Record，2003，24（1）：201-207.
［137］PAMUKCU S，TUNCAN A. Laboratory characterization of cement-stabilized iron-rich slag for reuse in transportation facilities［J］. Transportation Research Record，1993，14（1）：25-33.
［138］姜爱锋，张易谦．石灰-粉煤灰稳定碎石基层的物理力学性能［J］．同济大学学报，1997，25（6）：656-662.
［139］杨锡武，梁富权．水泥粉煤灰稳定混合料修筑高等级道路路面基层的试验研究［J］．中国公路学报，1994（增刊）：80-86.
［140］杨锡武，梁富权．水泥（石灰）粉煤灰碎石混合料半刚性路面基层设计参数研究［J］．中国公路学报，1996，9（3）：43-46.
［141］GRAY D H，LIN Y K. Engineering properties of compacted fly ash［J］. Soil Mech. Found. Div，1972，98（4）：361-380.
［142］YOUNG J F，HANSON W. Volume relationships of CSH formation based on hydration stoichiometries［J］. Mat. Res. Soc. Symp. Proc，1987（85）：313-322.
［143］SHI C，DAY R L. Acceleration of the reactivity of fly ash by chemical activation［J］. Cem. Concr. Res，1995，25（1）：15-21.
［144］SHI C，DAY R L. Pozzolanic reaction in the presence of chemical activators：Part I. Reaction kinetics［J］. Cem. Concr. Res，2000，30（1）：51- 58.
［145］BIERNACKI J J，WILLIAMS P J，STUTZMAN P E. Kinetics of reaction of calcium hydroxide and fly ash［J］. ACI Mater，2001，98（4）：340-349.
［146］YOUNG J F. The chemical and microstructural basis for high performance concrete［C］. High Performance Concrete-Workability［C］. Strength and Durability，Edited by Christopher K Y Leung，Zongjin Li et al. Hong Kong，China，December，2000：87-104.
［147］BENZE D P. Three-Dimension computer simulation of Portland cement microstructure development［J］. Am. Ceram. Soc，1997，80（1），3-21.
［148］TAZAWA E，MIYAZAWA S，KASAI T. Chemical shrinkage and autogeneous shrinkage of hydrating cement paste［J］. Cem. Concr. Res，1995，25（2）：288-292.
［149］薛君玕，陈雯法，童雪莉，等．论水泥石的硫铝酸盐膨胀——兼论液相中CaO低于饱和浓度时硫铝酸钙膨胀的特点［J］．硅酸盐学报，1979，7（1）：58-74.

[150] LI W, DONG B Q , YANG Z X, et al. Recent advances in intrinsic self-healing cementitious materials [J] . Advanced Materials, 2018: 1705679-1705687.

[151] 姚武，吴科如．智能混凝土的研究现状及其发展趋势［J］．新型建筑材料，2000，(10)：22-24.

[152] FU X, CHUNG D D L. Effect of curing age on the self- monitoring behavior of carbon fiber reinforced mortar [J] . Cement and Concrete Research, 1997, 27 (9): 1879-1882.

[153] 刘款，胡传炘，陈忠江．材料愈合途径［J］．北京工业大学学报，1998，24 (2)：108-110.

[154] 刘江龙．材料的环境影响评价［M］．北京：科学出版社，2002.

[155] http: //www. epa. gov/ebtpages/wasters. html.

[156] 王炳华，赵明．固体废弃物浸出毒性特征及美国 EPA 的实验测定（待续）［J］．干旱与环境检测，2001，15（1），224-233.

[157] 王炳华，赵明．固体废弃物浸出毒性特征及美国 EPA 的实验测定（续完）［J］．干旱与环境检测，2002，16（1），50-62.

[158] TAHA R, SEALS R, TITTLEBAUM M, et al. Environmental characteristics of by-product gypsum. Transportation Research Record, 1995, 16 (6): 21-26.

[159] SCHREURS J P G M, SLOOT H A V D, HENDRIKS C. Verification of laboratory-field leaching behavior of coal fly ash and MSWI bottom ash as a road base material [J] . Waste Management, 2000, 20 (2): 193-201.

[160] CHRISTIAN J. Engelsen GretheWibetoe, Hans A. van der Sloot, et al. Field site leaching from recycled concrete aggregates applied as sub-base material in road construction [J] . Science of The Total Environment, 2012, 427-428 : 86-97.

[161] MAZZILLI B, PALMIRO V, SAUEIA C, et al. Radiochemical characterization of Brazilian phosphogypsum. Journal of Environmental Radioactivity, 2000, 49 (1): 113-122.

[162] MEHTA P K, BRADY J R. Utilization of phosphogypsum in Portland cement industry [J] . Cem. Concr. Res, 1977, 7 (5): 537-544.

[163] OLMEZ H, ERDEM E. The effect of phosphogypsum on the setting and mechanical properties of Portland cement and Trass cement [J] . Cem. Concr. Res, 1989, 19 (3): 377-384.

[164] AIMIN X, SARKAR S L. Microstructural study of gypsum activated fly ash hydration in cement paste [J] . Cem. Concr. Res, 1991, 21 (6) : 1137-1147.

[165] SHEN W G, GAN G J, DONG R, et al. Utilization of solidified phosphogypsum as Portland cement retarder [J] . Journal of Material Cycles and Waste Management, 2012, 14 (3): 228-233.

[166] ZHAO Z F, XIAO F P, AMIRKHANIAN S. Recent applications of waste solid materials in pavement engineering [J] . Waste Management. 2020, 108 (1): 78-105.